SUSANNE BODENSTEINER SARAH SCHOCKE

FEIERABEND FOOD für die Familie

70 Rezepte zum Runterkommen

SUSANNE BODENSTEINER SARAH SCHOCKE

FEIERABEND FOOD

für die Familie

70
Rezepte zum Runterkommen

SIEBEN COOLE VORRATSHELDEN

Hier kommen pflegeleichte Lebensmittel für Kühlschrank und Tiefkühlfach – fürs spontane Kochen ohne Einkaufsstress!

EIER

Omelette, Spiegelei, Frittata – aus Eiern lässt sich schnell ein kleiner Snack zubereiten. Die klassischen Eiweißlieferanten sind – kühl gelagert - rund einen Monat haltbar. Am besten kauft ihr Eier aus der Region von Hühnern aus ökologischer Haltung, erkennbar an der Ziffer 0 auf dem aufgedruckten Eiercode. Diese Haltungsform garantiert den Legehennen einen offenen Stall mit Auslauf und Bio-Futter. Die zweitbeste Wahl sind Eier von Hühnern aus Freilandhaltung (Kennziffer 1).

JOGHURT, SAHNE ...

Damit könnt ihr spontan ein sämiges Sößchen, eine cremige Gemüsesuppe oder einen Dip anrühren. Schlagsahne, Creme fraîche und Schmand sind fettreich – wer's leichter mag, mixt sie mit fettarmem Joghurt oder Magerquark. Fettärmer sind auch pflanzliche Alternativen aus Soja, Hafer oder Mandel. Fest verschlossen können Joghurt oder Sahne nach der aufgedruckten Mindesthaltbarkeit noch in Ordnung sein. Schnuppert einfach mal: Was frisch riecht, darf gegessen werden. Einmal geöffnet sollten Milchprodukte und -alternativen in 3–4 Tagen aufgebraucht werden.

KÄSE

Eiweißpower für euren Vorrat! Hartkäse wie Parmesan oder Grana Padano hält wochenlang, wenn man ihn am Stück kauft und gut verpackt, z. B. in einem Bienenwachstuch, in der Kühlschranktür lagert. Dann könnt ihr ihn jederzeit frisch über Spaghetti oder Risotto reiben. Bergkäse und Emmentaler sind ebenfalls am Stück gut haltbar und im Nu für Käsetoast oder Auflauf im Einsatz. Auch in Folie verschweißter Feta aus dem Supermarkt bleibt im Kühlschrank wochenlang frisch – und ist so immer zur Stelle, wenn ihr für Salat, Suppe oder Gratin noch ein tolles Topping sucht. Ob von Ziege oder Kuh: Frischkäse ist nicht nur Basis für kreative Stullen (z. B. mit Kresse, Paprikastreifchen oder Gurkenscheiben kombiniert), sondern kann beim Kochen auch als Ersatz für Sahne Saucen verfeinern. Gut, wenn ein Päckchen im Kühlschrank liegt!

TK-FISCH

Wenn ihr gern »Meer« genießt, dann lohnt es sich, Fischfilets und Garnelen ins Tiefkühlfach zu legen. Sie werden gleich nach dem Fang küchenfertig zubereitet, eingefroren und sind bei Bedarf schnell einsatzbereit. Fischstäbchen dürfen sogar tiefgekühlt in der Pfanne landen. Allerdings: Fischbestände sind durch Überfischung massiv bedroht. Fisch sollte also ein nicht alltäglicher, besonderer Genuss sein. Biosiegel von Bioland und Naturland stehen für Fisch aus besonders verantwortungsvoller Zucht. Empfehlenswert!

TK-KRÄUTER

Gartenkräuter wie Schnittlauch, Petersilie und Dill oder Mischungen daraus vertragen das Einfrieren super. Die Mini-Päckchen passen auch ins kleine Tiefkühlfach. Risotto, Gemüsegericht oder Tomatensaucen lassen sich besonders schnell mit einem mediterranen TK-Kräutermix (heißen auch »Kräuter italienische Art«) aufpeppen. Neben Rosmarin, Thymian und Oregano enthalten solche Mischungen oft noch gehackte rote Zwiebel und Knoblauch. Für schnellen Kräuterquark gibt's auch Gartenkräuter-Mischungen.

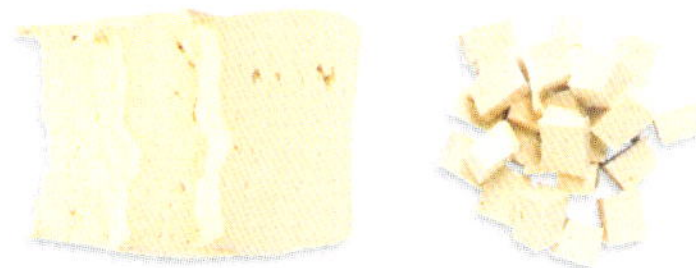

TOFU

Das proteinreiche Sojaprodukt hat in der Naturversion einen eher milden Eigengeschmack und kann deshalb besonders vielfältig eingesetzt werden – ganz nach euren Würzvorlieben! In Asien- und Bioläden, mittlerweile aber auch im kleinen Supermarkt, gibt es Tofu-Variationen mit mediterraner oder asiatischer Note, chilischarf oder pikant geräuchert. Für Dips und Desserts eignet sich der cremig-weiche Seidentofu. In der Originalverpackung ist folienverschweißter Tofu am Stück lange haltbar. Offenen Tofu könnt ihr – in einer kleinen Schale mit Wasser bedeckt – im Kühlschrank noch einige Tage aufheben. Wasser täglich wechseln.

GEMÜSE FRISCH & TIEFGEKÜHLT

Wurzelgemüse wie Möhre, Rote Bete, Knollensellerie oder Pastinake, aber auch Lauch, Fenchel und Kohlrabi sind dankbare Kandidaten fürs Gemüsefach. Sie halten sich im Kühlschrank bis zu einer Woche, allerdings gehen mit jedem Lagerungstag Nährstoffe verloren. Wichtig (und das gilt für jedes Gemüse): Den frischen Einkauf sofort im Gemüsefach verstauen! Besonders empfehlenswert für eure schnelle Familienküche ist TK-Gemüse. Das wird sofort nach der Ernte schockgefroren, da hält sich der Nährstoff-Verlust in Grenzen. Und das beste: Gemüseputzen, -schälen und -schneiden fällt aus, ihr braucht nur noch die Packung zu öffnen.

SIEBEN SUPER-VORRATSBASICS

Diese Zutaten lassen sich perfekt lagern und sind eure solide Basis für leckere, schnelle Familiengerichte.

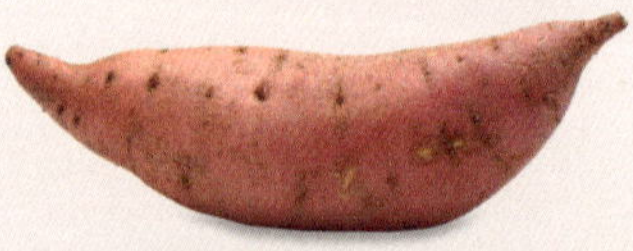

KARTOFFELN & SÜSSKARTOFFELN

Die Kartoffel ist toll, denn sie ist gesund und vielseitig einsetzbar. Festkochende Kartoffeln sind nach dem Garen fest, aber saftig – perfekt für Kartoffelspalten aus dem Ofen oder Kartoffelsalat. Mehligkochende Sorten wandern in Püree oder Suppen. Ihr wünscht euch einen Allrounder? Dann greift am besten zu vorwiegend festkochenden Kartoffeln. Die machen sich besonders gut in Aufläufen, Eintöpfen oder als Puffer. Mehr Abwechslung bieten Süßkartoffeln: Sie schmecken, der Name verrät es, überraschend süß, können aber genauso zubereitet werden wie Kartoffeln.

PASTA

Nudeln mit Pesto – ein Traumduo und Lifesaver, nicht nur für Familien. Von eurer Lieblingspasta gehört also auf alle Fälle ein Pack in den Vorrat, am besten in verschiedenen Varianten wie Weizen, Dinkel oder Vollkorn, aus Linse oder Kichererbse. Damit habt ihr immer ein Ass im Ärmel: Nudeln mögen alle und eine passende Kombi ist schnell gefunden. Angebrochene Packungen bitte gut verschließen und bald aufbrauchen. Ansonsten sind getrocknete Nudeln ohne Ei mehrere Jahre haltbar.

SUPERKÖRNER

Quinoa ist das bekannteste unter den Superkörnern, aber auch Hirse, Buchweizen oder Graupen sorgen für eine schöne Portion Abwechslung auf dem Teller. Die Zubereitungszeiten variieren, genau wie die Inhaltsstoffe. Quinoa und Hirse etwa sind tolle Eisenquellen. Für alle Körner gilt: Bitte trocken, luftdicht und lichtgeschützt aufbewahren!

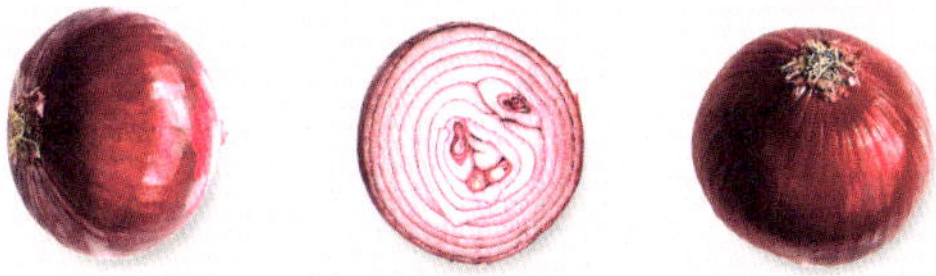

ZWIEBELN & KNOBLAUCH

Kaum ein herzhaftes Rezept kommt ohne sie aus, denn mit ihren würzigen, süßlichen und roh auch scharfen Geschmacksnoten passen sie zu fast jedem Feierabendfood. Zwiebeln und getrockneten Knoblauch bitte dunkel, kühl und trocken lagern, etwa im Vorratsschrank oder im Keller. Dazu am besten mit einem Faden zusammenbinden und aufhängen. So können sie gut »atmen«, das beugt Schimmel vor. Alternativ einfach in einem Korb oder einem Netz aufbewahren.

ZITRONEN

Die gelben Früchtchen verleihen vielen Speisen einen Frischekick: entweder durch die fruchtige Säure ihres Saftes oder die feinen Bitternuancen ihrer Schale. Für möglichst viel Zitronensaft die Frucht vorher mit Druck auf der Arbeitsfläche hin und her rollen: So platzen die Saftkammern im Inneren auf. Vor dem Abreiben der Schale die unbehandelten Zitronen unter heißem Wasser gründlich waschen. Und nur die gelbe obere Schalenschicht abreiben, darunter wird es zu bitter. Zitronenschale erst zum Schluss dazugeben, damit das Aroma nicht zerkocht. Zitronen können über mehrere Wochen lagern, im Kühlschrank halten sie sogar Monate. Gute Alternativen zur frischen Zitrone sind Zitronendirektsaft aus der Flasche oder getrocknete Zitronenschale.

REIS

Naturreis bzw. brauner Reis ist reich an Vitaminen, Mineral- und Ballaststoffen, weißem geschälten Reis dagegen fehlen diese wertvollen Bestandteile. Dafür schmeckt er milder und ist viel schneller fertig. Eine gute Zwischenlösung ist Parboiled Reis: Der wird mit Druck behandelt, sodass ein Teil der Schalenbestandteile in den Kern wandert. Erst danach wird er geschält. Das Ergebnis: Geschälter Reis, der schneller gar wird, aber vollwertiger ist. Reis immer trocken und luftdicht aufbewahren, z. B. in einem Schraubglas. Naturreis aber bitte nicht jahrelang lagern: Wegen der enthaltenen Fettsäuren kann er ranzig werden.

DOSENTOMATEN

Groß und Klein lieben Tomaten! Die roten Allrounder könnt ihr für die schnelle Küche und unglaublich vielfältig einsetzen. Und weil nur vollreife Tomaten – im Ganzen, stückig oder auch passiert – eingedost werden, gibt' rund ums Jahr sonniges Aroma. Am besten habt ihr für eure Familienküche immer ein paar Dosen im Vorrat – z. B. für Pizza, Nudeln mit Tomatensauce, schnelle Lasagne oder mediterrane Suppen und Eintöpfe. Dosentomaten gibt es praktischerweise auch schon gewürzt oder als Saucenbasis bzw. Sugo.

SIEBEN VEGGIE-VORRATSJOKER

Es ist immer gut, etwas in der Hinterhand zu haben. Mit diesen Produkten könnt ihr im Nu vegetarische und vegane Alternativen zaubern und Gerichten ein i-Tüpfelchen verleihen.

HÜLSENFRÜCHTE

Sie sind reich an Eiweiß und Ballaststoffen, machen satt und unterstützen die Verdauung. Und: Sie sind vielseitig einsetzbar und eine klimafreundliche Alternative zu Fleisch oder Fisch. Weil es sie oft schon vorgegart in der Konserve gibt, sind sie ideal für die schnelle Feierabendküche. Rote und gelbe Linsen könnt ihr auch in der getrockneten Variante benutzen. Sie sind schon in 10–15 Minuten gar – aber sie zerfallen auch schnell. Mittlerweile gibt es viele Hülsenfrüchten auch in kleinen Dosen mit ca. 125 g Inhalt – so viel wie in einem Joghurtbecher enthalten ist. Auch praktisch für kleine Mengen: Tiefkühlerbsen.

KOKOSMILCH

Kokosmilch kommt ursprünglich aus der asiatischen Küche – aber mit der fettreichen, haltbaren Flüssigkeit könnt ihr viel mehr anstellen, als schnell und einfach Currys zubereiten. Probiert doch mal Milchreis oder Grießbrei mit Kokosmilch. Das bringt gleich Ideen für neue Kombinationen, etwa mit exotischen Früchten wie Mango oder Ananas oder Gewürzen wie Kurkuma. Kokosmilch ist aber ziemlich gehaltvoll, vergleichbar mit Schmand. Sollte etwas übrigbleiben, könnt ihr die Kokosmilch gründlich verrühren, umfüllen und tiefkühlen!

(PFLANZEN)MILCH

H-Milch auf Vorrat zu haben ist eine feine Sache, dann braucht man nicht ständig nachkaufen. Doch in vielen Gerichten könnt ihr Milch auch ganz einfach mal durch Pflanzenmilch ersetzen und so den Konsum tierischer Produkte verringern. Das ist nachhaltiger und schont die Umwelt. Am geschmacksneutralsten sind dabei pflanzliche Milchalternativen auf Sojabasis. Achtet auf alle Fälle darauf, dass kein Zucker zugesetzt ist und probiert euch einfach mal durch, es gibt große geschmackliche Unterschiede zwischen den Herstellern. Übrigens: Auch pflanzliche Sahne ist lange haltbar. Davon ein paar Päckchen im Vorrat ist nie verkehrt, denn ihr könnt damit wunderbar Saucen und Pürees abrunden.

PESTO

Pesto solltet ihr immer im Schrank haben, denn Nudeln mit Pesto gehen immer. Und die können schon 4-jährige ganz alleine kochen. Seid ihr Team rot oder Team grün? Pesto gibt es ja in beiden Varianten. Klassisches grünes Pesto besteht aus Basilikum, Olivenöl, Pinienkernen und Parmesan. Rotes Pesto hingegen wird auf Basis von getrockneten Tomaten hergestellt. Beim Kauf darauf achten, dass das Pesto mit Olivenöl und nicht dem billigen Sonnenblumenöl hergestellt ist. Teure Pinienkerne werden außerdem gern durch die günstigeren Cashewkerne ausgetauscht.

SOJASCHNETZEL

Habt ihr euch da schon mal dran gewagt? Sie sehen ja ein bisschen aus wie Katzenfutter, sind ewig haltbar und sehr proteinreich. Sojaschnetzel lassen sich easy peasy zubereiten: Einfach mit heißem Wasser übergießen, 10 Minuten stehenlassen, dann ordentlich würzen und weiterverarbeiten. Gequollene, feine Sojaschnetzel sind vergleichbar mit Hackfleisch, daher könnt ihr sie in entsprechenden Gerichten einfach als Alternative benutzen. Oder habt ihr schon mal Sonnenblumenhack probiert? Das muss nicht quellen und kann sofort angebraten werden.

ANTIPASTI IM GLAS

Sie sind das i-Tüpfelchen auf vielen Gerichten. Das Beste: Ihr könnt sie individuell dosieren. Streikt also der Nachwuchs bei Kapern oder Oliven, könnt ihr euch die bei den meisten Gerichten einfach hinterher drüberstreuen – und alle sind glücklich. Wollt ihr eure Kinder an Oliven heranführen, kauft besser entsteinte. Getrocknete Tomaten gibt es übrigens in Öl eingelegt oder nur halbgetrocknet. Dann sind sie etwas saftiger und fettärmer, aber auch salziger und heißen häufig Soft-Tomaten. Auch geröstete Paprika gibt es nicht nur in Öl, sondern alternativ in Essig eingelegt.

NÜSSE & SAMEN

Sie sind kleine Kraftpakete. Sie bereichern Gerichte nicht nur durch knusprigen Crunch, sondern bringen auch jede Menge Nährstoffe wie Eiweiß, Kalium, Magnesium und Zink mit. Haselnüsse, Mandeln und Sonnenblumenkerne enthalten zudem reichlich Vitamin E, ein Schutzstoff für unseren Körper. Nüsse und Samen bekommen tolle Röstaromen, wenn ihr sie zuvor in einer trockenen Pfanne anröstet, bis sie aromatisch zu duften beginnen. Dann schnell raus damit, sonst verbrennen sie leicht. Ihr könnt geröstete Nüsse auch vorbereiten und etwa 4 Wochen in einem Schraubglas aufbewahren. Angebrochene Packungen aber nicht zu lange lagern, Nüsse und Samen werden schnell ranzig.

QUICKIES AUS DEM VORRAT

Heute ging es bei allen heiß her und niemand hatte Zeit für den Sprung in den Supermarkt? Kartoffeln, Nudeln oder Linsen habt ihr doch bestimmt noch im Vorratsschrank! So bringt ihr auch nach einem stressigen Tag im Handumdrehen ein tolles Abendessen für alle auf den Tisch!

MAISCREMESUPPE MIT KRÄUTERBAGUETTE

Goldgelber, samtiger Sattmacher, den ihr auch gut mit Kartoffel statt Kürbis machen könnt.

FÜR 4 PERSONEN
25 Min. Zubereitung
Pro Portion ca. 580 kcal,
13 g E, 24 g F, 73 g KH

- 2 Knoblauchzehen
- 1 Zwiebel
- 2 Dosen Mais (je ca. 285 g Abtropfgewicht)
- 60 g weiche Butter
- 450 g TK-Kürbisstücke
- 600 ml Gemüsebrühe
- 25 g TK-Petersilie
- 1 Aufbackbaguette
- 250 ml Hafercreme
- 2 EL Zitronensaft
- Pfeffer
- Salz
- kräftiger Käse (nach Belieben)

1 Den Ofen auf 200° vorheizen. Knoblauch und Zwiebel schälen, Knoblauch durch die Presse drücken, Zwiebel fein hacken. Den Mais in ein Sieb abgießen, abspülen und abtropfen lassen.

2 20 g Butter in einem großen Topf zerlassen. Die Zwiebel und die Hälfte des Knoblauchs darin glasig andünsten. Dann Kürbis dazugeben und ca. 2 Min. anbraten. Zuletzt den Mais dazugeben und alles mit Brühe ablöschen. Die Suppe offen ca. 15 Min. köcheln lassen.

3 Inzwischen die restlichen 40 g Butter mit der Petersilie und dem restlichen Knoblauch vermengen. Das Baguette schräg im Abstand von 3–4 cm ein-, aber nicht durchschneiden. Die Kräuterbutter in die einzelnen Fächer streichen. Das Baguette auf ein mit Backpapier ausgelegtes Backblech legen und im Ofen (Mitte) nach Packungsanweisung in ca. 12 Min. goldbraun backen.

4 Die Suppe mit dem Pürierstab fein cremig mixen. Dann die Hafercreme und den Zitronensaft einrühren und die Suppe kräftig mit Salz und Pfeffer abschmecken. Die Suppe auf Teller verteilen und nach Belieben kräftigen Käse, den ihr gerade im Kühlschrank habt, darüberreiben – etwas Parmesan, Appenzeller, Cheddar, alter Gouda, aber auch Feta passen dazu. Das Baguette in Scheiben schneiden und dazu servieren.

Warum Hafercreme?
Weil die pflanzliche Alternative einen kleinen Beitrag zu weniger tierischen Produkten auf dem Teller leisten kann. Außerdem ist sie lange haltbar und damit perfekt für spontanes Maiscremesuppe-Kochen. Das Rezept schmeckt aber natürlich auch mit normaler Sahne.

SPINATSUPPE MIT FETA UND MANDELN

Grün, gesund und richtig lecker!

FÜR 4 PERSONEN
30 Min. Zubereitung
Pro Portion ca. 390 kcal,
16 g E, 28 g F, 15 g KH

- 350 g Kartoffeln (am besten mehligkochende)
- 1 Zwiebel
- 1 Knoblauchzehe
- 4 EL Olivenöl
- 2 EL TK-Petersilie
- 600 g TK-Blattspinat
- 1 l kräftige Gemüsebrühe
- 4 EL Mandelblättchen
- 1 EL Mandelmus
- Salz
- Pfeffer
- 2 EL Zitronensaft
- 1 Prise gemahlener Kreuzkümmel (nach Belieben)
- 200 g Schafskäse (Feta)
- 1 TL Chilifäden (nach Belieben)

1 Die Kartoffeln schälen und in sehr kleine Würfel schneiden. Die Zwiebel und den Knoblauch schälen und mit dem Messer fein hacken.

2 2 EL Olivenöl in einem Topf erhitzen. Die Zwiebelwürfel darin in ca. 3 Min. glasig andünsten. Den Knoblauch und die Kartoffeln dazugeben und kurz mitdünsten. Die Petersilie einrühren. Den Spinat dazugeben und die Gemüsebrühe dazugießen.

3 Alles aufkochen und 10–12 Min. bei mittlerer Hitze köcheln lassen. Falls nötig, noch etwas Wasser angießen. Inzwischen die Mandelblättchen in einer Pfanne ohne Fett unter Rühren goldbraun anrösten. (Vorsicht, sie brennen dabei sehr leicht an!)

4 Wenn der Spinat aufgetaut und die Kartoffelwürfel gar sind, das Mandelmus unterrühren und alles im Topf mit dem Pürierstab fein mixen. Die Suppe mit Salz, Pfeffer, Zitronensaft und nach Belieben auch mit dem Kreuzkümmel abschmecken und anschließend in vier großen Suppentellern anrichten.

5 Den Feta-Käse zerbröckeln und über die Suppe streuen. Jede Portion mit ½ EL Olivenöl beträufeln und mit den Mandelblättchen bestreuen. Nach Belieben bei Tisch noch ein paar Chilifäden darübergeben.

Noch schneller
1 Päckchen italienische TK-Kräuter verwenden - so spart man sich Zwiebel- und Knoblauchschälen.

Kein Schafskäse da?
Die Suppe schmeckt auch sehr gut mit je 1 Klecks Kräuterfrischkäse.

VEGGIE-NUDELSUPPE MIT PESTO

Mit viel buntem Gemüse. Und so einfach – das kriegen sogar 5-Jährige ganz alleine hin.

FÜR 4 PERSONEN
15 Min. Zubereitung
Pro Portion ca. 310 kcal, 9 g E, 9 g F, 46 g KH

1 EL Gemüsebrühe (Instant)
200 g Hörnchen-Nudeln
450 g mediterrane TK-Gemüsemischung mit Zucchini (ersatzweise TK-Buttergemüse)
100 g TK-Erbsen (ersatzweise TK-Edamame)
4 TL grünes Pesto
Parmesan (nach Belieben)

1 Die Gemüsebrühe in einem Topf in 1 l Wasser auflösen, die Nudeln dazugeben. Alles einmal aufkochen und anschließend abgedeckt ca. 3 Min. kochen lassen. Dann die Gemüsemischung und die Erbsen dazugeben. Die Suppe ca. 8 Min. auf mittlerer Stufe kochen lassen, dabei gelegentlich umrühren.

2 Wenn die Nudeln gar sind, die Suppe auf 4 Teller verteilen. Je 1 TL Pesto dazugeben und nach Belieben mit Parmesan bestreut servieren.

Heute kochen alle!
Dieses Gericht können schon die Kleinsten ganz alleine kochen. Elterntipp: Vorher kurz erklären, dass das heiße Wasser spritzen kann, wenn das Gemüse hineinplumpst – und natürlich für alle Fälle im Hintergrund bleiben. Die Kleinen können zusätzlich Kochhandschuhe anziehen. Übrigens: Die Gemüsemischung bringt bereits Würze mit. Wenn ihr ungewürzte Mischungen bevorzugt, nehmt einfach etwas mehr Gemüsebrühe.

KICHERERBSEN-TOMATEN-SUPPE MIT ERDNUSSFLIP-CRACKERN

Flips zum Abendbrot – machen Kinder froh und Erwachsene ebenso.

FÜR 4 PERSONEN
25 Min. Zubereitung
Pro Portion ca. 245 kcal,
13 g E, 11 g F, 21 g KH

2 Knoblauchzehen
2 Zweige Thymian (ersatzweise 2 TL getrockneter Thymian)
1 Dose Kichererbsen (220 g Abtropfgewicht)
2 TL Öl
2 Dosen stückige Tomaten (800 g)
2 TL Gemüsebrühe (Instant)
1 TL Agavendicksaft
80 g Parmesan
20 g Erdnussflips

1 Den Ofen auf 200° Umluft vorheizen. Knoblauch schälen und durch eine Presse drücken, den Thymian waschen, trocken schütteln und die Blätter abzupfen. Kichererbsen in ein Sieb abgießen und abspülen. Das Öl in einem großen Topf erhitzen. Den Knoblauch darin kurz anschwitzen, die Kichererbsen dazugeben und alles mit 500 ml Wasser und den Tomaten ablöschen. Gemüsebrühe, Thymian und Agavendicksaft dazugeben und die Suppe einmal aufkochen. Dann 15–20 Min. abgedeckt bei mittlerer Hitze köcheln lassen.

2 Inzwischen den Parmesan auf einer Gemüsereibe fein reiben. Die Erdnussflips mit den Händen fein zerbröseln. Flips und Käse gründlich miteinander vermengen und dünn auf einem mit Backpapier ausgelegten Blech gleichmäßig verteilen. Im Ofen (Mitte) 6–7 Min. backen. Dann mit dem Backpapier vom Blech ziehen, auskühlen lassen und zu Crackern zerbrechen.

3 Die Suppe fein pürieren und auf Teller verteilen. Die Cracker über die Suppe bröseln. Zur Suppe passt frisches Baguette oder kräftiges Brot.

Hier helfen schon die Kleinsten mit
Die Cracker können schon kleine Kinder ganz alleine zubereiten. Nur bei der Geschichte mit dem Blech und dem heißen Ofen haben Erwachsene besser einen Blick drauf oder assistieren ein wenig.

ROTE LINSEN MIT GEMÜSEREST UND SAFRANCREME

In den Kühlschrank schauen und loskochen! Im indisch inspirierten Linsendal macht sich jedes Lieblingsgemüse gut.

FÜR 4 PERSONEN
30 Min. Zubereitung
Pro Portion ca. 400 kcal,
23 g E, 11 g F, 51 g KH

FÜR DIE SAFRANCREME
1 Msp. Safranfäden (ersatzweise Safranpulver)
200 g saure Sahne (ersatzweise Sahnejoghurt)
1 Prise milde Chiliflocken (plus zum Bestreuen nach Belieben)
Salz

FÜR DIE LINSEN
1 Zwiebel
1 Stück Ingwer (1 cm lang)
ca. 100 g Gemüserest (z. B. 1 Handvoll Brokkoliröschen, 1 Stück Kürbis, 1 Paprikaschote oder 1 dicke Möhre)
1 EL Butterschmalz (ersatzweise 1 EL Öl)
300 g rote Linsen
1 TL gemahlener Koriander
1½ TL gemahlener Kreuzkümmel
½ TL gemahlene Kurkuma
Pfeffer
Salz
2 EL Limettensaft (ersatzweise Zitronensaft)

1 Für die Safrancreme den Safran in einem Schälchen in 2 EL kochend heißes Wasser einrühren und bis zur weiteren Verwendung beiseitstellen.

2 Für die Linsen Zwiebel und Ingwer schälen und sehr fein würfeln. Den Gemüserest putzen, waschen oder bei Bedarf schälen und je nachdem in Stücke oder kleine Würfel schneiden.

3 Das Butterschmalz im Topf erhitzen. Zwiebel und Ingwer einrühren. Die Gemüsestücke dazugeben und alles bei kleiner Hitze unter Rühren 3–4 Min. andünsten.

4 Inzwischen die Linsen in einem Sieb mit kaltem Wasser abbrausen, dann zum Gemüse in den Topf geben. Alles mit ½ TL Koriander, 1 TL Kreuzkümmel sowie 1 kräftigen Prise Kurkuma und Pfeffer würzen. Dann 600 ml Wasser dazugießen und aufkochen. Linsen und Gemüsestücke bei kleiner Hitze zugedeckt weich garen. Falls nötig, noch etwas Wasser dazugeben, das Gericht sollte aber keinesfalls flüssig sein.

5 Inzwischen für die Safrancreme das Safranwasser durch ein kleines Sieb in ein Schälchen abgießen und mit der sauren Sahne verrühren. Die Creme mit den Chiliflocken und etwas Salz abschmecken.

6 Zum Schluss die Linsen mit Salz, Pfeffer, etwas Limettensaft und nach Belieben noch mit den restlichen Gewürzen abschmecken. Die Linsen auf vier Schalen verteilen, je 1 Klecks Safrancreme daraufgeben und nach Belieben mit Chiliflocken bestreuen. Dazu passt (Aufback-)Fladenbrot oder Baguette.

*{ **Mit den Händen essen erlaubt!***
In Indien isst man mit den (frisch gewaschenen) Händen, genauer gesagt: Man schaufelt kleine Portionen mit der Hand in den Mund. Warum nicht mal ausprobieren? So wird das ungewöhnlich gewürzte Linsengericht noch interessanter. Vorher muss es natürlich etwas abkühlen, damit sich niemand die Finger verbrennt.

RUNTER VOM GAS

Der Tag ist fast zu Ende, der Kanal voll und die Batterien sind leer. Was jetzt gut tut: Alle nehmen einen Gang raus und setzen auf Entspannung statt Anspannung.

MACHT´S MIT MUSIK

Musik kann helfen, einen stressigen Tag hinter sich zu lassen. Erstellt doch eine Familienplaylist mit den Lieblingssongs von allen – das sorgt für gemeinsame gute Laune und Feierstimmung zum Feierabend. Ihr könnt euch auf nichts einigen? Dann macht einfach silent disco – jeder setzt sich Kopfhörer auf und kriegt gute Laune zu seiner Lieblingsmusik. Dennoch könnt ihr alle zusammen sein und sogar gemeinsam tanzen – nur eben jeder zu seinem eigenen Beat.

HÜPFEN UND TANZEN

Mal Hand auf's Herz: Wann habt ihr das letzte Mal so richtig ausgelassen getanzt? Tanzen löst Glücksgefühle aus, reduziert Stress und Anspannung. Zuhause guckt sowieso keiner zu, also einfach Musik an und los geht´s. Schnappt euch Partner, Geschwister und tanzt oder hüpft gemeinsam durch die Küche. Wenn die Stimmung erstmal von Anspannung zu Entspannung gewechselt hat und ihr richtig drin seid im Groove, dann macht doch zum Abschluss noch eine Polonaise durch Küche und Wohnzimmer. Herumalbern entspannt nämlich auch.

ALPENSTULLE MIT SCHINKEN UND KRAUT

Wie auf der Berghütte

FÜR 4 PERSONEN
20 Min. Zubereitung
Pro Portion ca. 580 kcal,
35 g E, 24 g F, 53 g KH

2 rote Zwiebeln
160 g Rohschinken in Würfeln
8 Scheiben Brot (z. B. Land- oder Bauernbrot)
250 g saure Sahne
Pfeffer
500 g Krautsalat (Kühlregal)
150 g geriebener Bergkäse

AUSSERDEM
Flambierbrenner

1 Die Zwiebeln schälen und in halbe Ringe schneiden. Mit den Schinkenwürfeln in eine Pfanne geben und ohne Fett bei mittlerer Hitze ca. 10 Min. unter gelegentlichem Wenden anbraten.

2 Die Brotscheiben toasten und mit der sauren Sahne bestreichen, dann pfeffern. Den Krautsalat in einem Sieb etwas ausdrücken, dann mit der Schinken-Zwiebel-Masse vermengen. Diese Masse gleichmäßig auf den vorbereiteten Broten verteilen.

3 Den geriebenen Bergkäse darüberstreuen und mit einem Flambierbrenner schmelzen. Die Brote sofort servieren. Für noch mehr Hüttenstimmung Radieschen, saure Gürkchen und Minibrezeln dazu reichen.

So wird's Veggie
Ihr mögt es lieber vegetarisch? Kein Problem: Einfach Räuchertofu klein würfeln und mit den Zwiebeln in 2 EL Öl 10 Min. anbraten, dann unter das Kraut mengen.

WAS KINDER ÜBERNEHMEN KÖNNEN

... und wie euer Team dabei nur gewinnen kann. Hier kommen ein paar Tipps und Tricks, wie gemeinsames Kochen stressfrei funktioniert.

HILFE!

Ist manchmal in der Küche gar nicht so willkommen. Weil man doch alles ganz fix allein erledigen kann. Weil kleine Hände die Routine stören. Und weil man Streit und Küchenchaos fürchtet. Dabei fördert gemeinsames Schnippeln, Schälen und Kochen den Teamgeist. Bei der Zusammenarbeit ergeben sich oft ganz nebenbei gute Gespräche und unbeschwerte Augenblicke. Es stärkt außerdem das Selbstbewusstsein der Kleinen, weil sie einen wichtigen Beitrag für das Familienessen leisten können. Und eine höchstpersönlich pürierte Suppe mit selbstgeschälten Kartoffeln schmeckt einfach besonders gut.

WER KANN WAS?

Schon Dreijährige können Kuchenteig, Creme oder Dip anrühren. Möhren mit dem Sparschäler schälen, Gurken oder Tomaten in Scheiben schneiden, Kräuter zupfen – das schaffen Kindergartenkinder gut. Erstklässlern gelingt es problemlos, Sahne oder Eiweiß aufzuschlagen oder sogar Nudelsuppe mit Tiefkühlgemüse von A bis Z selber zuzubereiten. Zehnjährige werden auch mit hartem Hokkaido oder Süßkartoffeln fertig, können Risotto rühren und Pasta kochen. Wer sich mit Zahlen auskennt, kümmert sich ums Abwiegen der Mengen. Und wer gut lesen kann, überprüft Rezeptangaben.

DEKO-PROFIS

Manche Kinder lieben es, Gemüse nicht einfach nur klein zu schneiden, sondern Radieschen in Blüten zu verwandeln, mit dem eigenen Taschenmesser Möhren »anzuspitzen« oder aus Gemüsescheiben Herzchen oder Monster auszustechen. (Die Reste gehen fein gehackt als Gemüsekonfetti durch und sind als Salattopping willkommen.) Festere Gemüsesorten wie Möhren oder Kohlrabi dazu vorher entweder in hauchdünne Scheiben schneiden oder dickere Scheiben zunächst in reichlich kochendem Salzwasser 3–4 Min. blanchieren. Dann klappt das Ausstechen ohne großen Kraftaufwand.

TEAMWORK

Viele Chefs verderben den Brei: Am besten läuft es, wenn Aufgaben und Verantwortung wie in einer Profiküche klar verteilt sind. Alle arbeiten selbstständig und eine/r behält die Oberaufsicht. (Das darf aber wechseln). Und alle bekommen einen Job, der dem persönlichen Temperament und Talent entspricht. Während der kleine Bruder mit Engelsgeduld und feinmotorischen Fähigkeiten auch die vierte Paprikahälfte in exakt gleich kleine Karos schneidet, schafft es die große Schwester vielleicht besser, den Pizzateig auf dem Blech auszurollen und mit Sauce zu bestreichen.

ALLE WOLLEN GLEICHZEITIG SCHÄLEN?

Kein Problem! Da Sparschäler nicht die Welt kosten, werden einfach mehrere angeschafft. Das gleiche gilt für kleine Messer oder Schneidebrettchen. Und ganz wichtig: Damit sich niemand am Backblech oder Pfannenrand verbrennt, legt bitte genügend Topfhandschuhe und -lappen bereit.

FRISCHEKICK FÜRS DESSERT

Melonenstückchen, Apfel- oder Birnenspalten, saftige Erdbeeren und Heidelbeeren oder kernlose Weintrauben sind süß und bunt wie Gummibärchen – und ein wunderbarer Nachtisch, den auch Siebenjährige selbständig vorbereiten können. Auch gut: Im Sommer das Fruchtfleisch von gut gekühlten Wassermelonen in große Würfel schneiden und Holzstäbchen reinstecken!

TISCHLEIN DECK DICH

Das geht ja auch nur im Märchen von selbst. Deshalb ist es super, wenn sich einer von euch drum kümmert. Teller richtig platzieren und Löffel oben, Gabel links, Messer rechts hinlegen, Servietten falten oder im Sommer vielleicht auch einen Kräuterzweig auf jedem Teller anrichten oder einen Strauß mit frisch gepflückten Gänseblümchen auf den Esstisch stellen – das können auch Fünfjährige gut übernehmen.

FISCHSTÄBCHEN IN DER PITATASCHE

Fischbrötchen mal anders! Für die Veggie-Version könnt ihr einfach hartgekochtes Ei oder gebratenen Halloumi hineinfüllen.

FÜR 4 PERSONEN
25 Min. Zubereitung
Pro Portion ca. 600 kcal, 20 g E, 32 g F, 55 g KH

1 rote Zwiebel
1 Mini-Salatgurke
1 kleine Handvoll Baby-Blattspinat (25 g)
4 Pitataschen
2 EL Öl
12 TK-Fischstäbchen
1 kleine Bio-Zitrone
100 g Mayonnaise
50 g Magerquark

1 Den Backofen auf 230° vorheizen. Die Zwiebel schälen und in feine Ringe schneiden oder hobeln. Die Gurke waschen, trocknen und in Scheiben schneiden. Den Spinat verlesen, waschen und abtropfen lassen. Die Pitataschen leicht befeuchten, auf ein mit Backpapier ausgelegtes Backblech legen und ca. 3 Min. im Ofen (Mitte) aufbacken. Dann das obere Ende abtrennen, sodass die Taschen befüllt werden können.

2 Das Öl in zwei beschichteten Pfannen erhitzen und die Zwiebelringe und die Fischstäbchen darin bei mittlerer Hitze in 12–15 Min. ringsum goldbraun backen.

3 Inzwischen die Zitrone heiß abspülen, trocknen und die Schale abreiben. Die Mayonnaise mit dem Quark und der abgeriebenen Zitronenschale in einer Schüssel zu einer glatten Creme rühren.

4 Die Pitataschen mit Zitronenmayo ausstreichen. Dann Spinat, Zwiebeln, Gurke und Fischstäbchen hineinfüllen und servieren.

Für den großen Hunger…
… eine Portion TK-Pommes oder TK-Kartoffelspalten im Ofen zubereiten und zu den Pita-Taschen servieren. Ein großer, bunter Salat, z.B. aus Baby-Blattspinat, Gurke und Paprika passt aber auch.

BROTE MIT RÜHREI UND LACHSRÖLLCHEN

Volle-Power-Abendbrot – kinderleicht gemacht!

FÜR 4 PERSONEN
20 Min. Zubereitung
Pro Portion ca. 445 kcal,
26 g E, 27 g F, 23 g KH

FÜR DIE LACHSRÖLLCHEN
1 Mini-Salatgurke
Salz
Pfeffer
2 EL TK-Dill
1 Msp. abgeriebene Zitronenschale (nach Belieben)
4 Scheiben geräucherter Lachs (am besten Bio)

FÜR BROT UND RÜHREI
4 Scheiben Vollkornbrot
3 EL Butter
4 EL TK-Zwiebelwürfel (Zwiebel-Duo; ersatzweise 1 kleine Zwiebel in Würfeln)
8 Eier (M)
6 EL Milch
Salz
Pfeffer
frisch geriebene Muskatnuss

1 Für die Lachsröllchen die Gurke waschen, putzen und längs halbieren. Die Kerne nach Belieben mit einem Löffel auskratzen. Die Gurkenhälften längs in Streifen schneiden, salzen, pfeffern und mit knapp 1 EL Dill und nach Belieben auch mit etwas abgeriebener Zitronenschale bestreuen. Die Streifen quer halbieren, auf die Lachsscheiben verteilen und darin einwickeln. Die Röllchen mit dem restlichem EL Dill garnieren und beiseitestellen (jedoch nicht in den Kühlschrank).

2 Für Brot und Rührei die Brotscheiben nach Belieben toasten, dann mit je ½ EL Butter bestreichen und auf vier Tellern bereitlegen.

3 Den restlichen EL Butter in einer beschichteten Pfanne erhitzen. Die Zwiebelwürfel darin bei kleiner Hitze in ca. 4 Min. glasig dünsten. Inzwischen die Eier in eine Schüssel aufschlagen und mit der Milch, 1 kräftigen Prise Salz, Pfeffer und Muskat verquirlen.

4 Die Eiermasse zu den gedünsteten Zwiebeln geben und stocken lassen, dabei immer wieder mit einem Spatel umrühren und vom Pfannenboden lösen. Wenn die Masse gerade so gestockt ist und noch saftig aussieht, das Rührei sofort auf die Brote verteilen – es wird in der Pfanne schnell trocken. Die Lachsröllchen auf den Broten verteilen und alles sofort servieren.

Kein Appetit auf Brot?
Gar kein Problem! Dann als erstes kleine Pellkartoffeln in ca. 20 Min. in wenig Salzwasser garkochen und zu Rührei und Lachsröllchen servieren.

So einfach und vielfältig

Dieses Gericht ist so wunderbar einfach, dass es schon ganz kleine Kinder mit ein bisschen Hilfe beim In-den-Ofen-schieben zubereiten können. Den Schinken könnt ihr auch durch vegetarischen Aufschnitt ersetzen. Statt Erbsen schmecken Mais oder klein gewürfelte Paprika genauso gut und als Brot nehmt ihr einfach das, was gerade da ist. Und wenn ihr die Erbsen gefroren hineingebt, kühlen sie den Auflauf lauwarm herunter, so dass er direkt Esstemperatur hat.

BROTAUFLAUF MIT ERBSEN UND SCHINKEN

Ihr habt Brot übrig? Dann verwandelt es einfach in einen saftigen Brotauflauf, der blitzschnell auf dem Tisch steht.

FÜR 4 PERSONEN
25 Min. Zubereitung
Pro Portion ca. 510 kcal,
31 g E, 21 g F, 50 g KH

200 g TK-Erbsen
150 g gekochter Schinken in Scheiben
400 g Lieblingsbrot in Scheiben
200 g saure Sahne
100 ml Milch
3 EL TK-Kräutermischung
Salz
Pfeffer
150 g geriebener Emmentaler (ersatzweise anderer Reibekäse)

AUSSERDEM
Rechteckige Auflaufform (ca. 17 × 23 cm)
Öl für die Form

1 Den Ofen auf 200° vorheizen. Die Auflaufform mit etwas Öl einfetten. Die noch gefrorenen Erbsen in einer Schüssel mit kochendem Wasser übergießen.

2 Den Schinken in feine Streifen schneiden. Die Brotscheiben aufrecht stehend abwechselnd mit den Kochschinkenscheiben in eine Auflaufform schichten. Die Erbsen abgießen und dazwischen verteilen.

3 Die saure Sahne mit Milch, Kräutern sowie Salz und Pfeffer in einem Rührbecher gründlich miteinander verquirlen und über den Brotauflauf gießen. Mit dem geriebenen Käse bestreuen und auf dem Gitterrost im Ofen (Mitte) ca. 15 Min. backen. Dann den Auflauf herausnehmen, kurz ruhen lassen und servieren.

ROHKOST UND BROTCHIPS MIT SALSA VERDE

Ohne Kochen, ohne Stress ... aber mit viel Genuss!

FÜR 4 PERSONEN
20 Min. Zubereitung
Pro Portion ca. 370 kcal,
9 g E, 26 g F, 25 g KH

FÜR DIE SALSA VERDE
1 kleines Bund Petersilie
½ Bund Basilikum (nach Belieben)
½ Bio-Zitrone
2 EL Mandelstifte (ersatzweise Mandelblättchen)
2 TL Kapern
1 Knoblauchzehe
Salz
ca. 50 ml Olivenöl
30 g Parmesan
Pfeffer

FÜR DIE BROTCHIPS
2 Brötchen (vom Vortag)
3 EL Olivenöl
Salz
Pfeffer

FÜR DIE ROHKOST
1 Salatgurke
1 kleines Bund Möhren
1 Bund Radieschen
1 Chicorée
200 g bunte Mini-Paprika

1 Die Kräuter waschen und trocken schütteln, die Blättchen abzupfen. Die Zitrone waschen und trocknen. 1 Msp. Schale abreiben und den Saft auspressen.

2 Die Kräuter mit ½ EL Zitronensaft, den Mandelstiften und den Kapern in einen hohen Rührbecher geben. Knoblauch schälen, grob hacken und mit 1 Prise Salz dazugeben. Das Olivenöl dazugießen und alles mit dem Pürierstab fein mixen. (Je nach Bundgröße der Petersilie wird vielleicht noch etwas mehr Öl gebraucht). Den Parmesan fein reiben und unterrühren. Die Salsa mit Salz, Pfeffer und etwas abgeriebener Zitronenschale abschmecken und beiseitestellen.

3 Für die Brotchips den Backofen auf 220° vorheizen. Die Brötchen in sehr dünne Scheiben schneiden und auf ein mit Backpapier belegtes Blech geben. Die Scheiben dünn mit Öl bepinseln, salzen und pfeffern. Dann im heißen Ofen (Mitte) in ca. 5 Min. knusprig rösten und anschließend aus dem Ofen nehmen.

4 Die Gurke putzen, waschen, trocknen und schräg in Scheiben schneiden. Die Möhren putzen, dabei aber nicht alles Grün entfernen, dann schälen und längs vierteln oder halbieren. Die Radieschen putzen, waschen und trocknen. Den Chicorée putzen und den Strunk abschneiden, Blätter waschen und trocken schütteln. Die Mini-Paprika waschen, trocknen und halbieren. Das Gemüse auf einer Platte anrichten.

5 Die Salsa nochmals abschmecken und auf vier Schälchen oder Gläser verteilen. Rohkost und Brotchips reindippen und genießen.

Schnippelt, was euch am besten schmeckt

Welche Gemüsefavoriten gibt's in eurer Familie? Danach sollte sich die Auswahl richten. Auch Spitzpaprika, zarte Zucchini, Mairübchen, Kohlrabi, Staudensellerie oder Fenchel passen, geputzt und klein geschnitten, perfekt zur Salsa. Nur bei Hülsenfrüchten, z. B. grünen Bohnen oder Zuckerschoten, und auch bei Auberginen ist Vorsicht geboten: Sie sind roh giftig und müssen deshalb vor dem Verzehr unbedingt erhitzt werden.

Salsa übrig?

Die grüne Sauce schmeckt auch gut zu Pasta. Dazu die Salsa einfach mit frisch gekochten Spaghetti und etwas Nudelkochwasser vermischen.

WRAPS MIT AVOCADOCREME, CHUTNEY UND PUTENBRUST

Die sind wirklich schnell gewickelt!

FÜR 4 PERSONEN
20 Min. Zubereitung
Pro Portion ca. 425 kcal,
19 g E, 14 g F, 58 g KH

2 Frühlingszwiebeln
2 Stängel Minze (nach Belieben)
½ kleiner Eisbergsalat
1 Avocado
2 EL Limettensaft (ersatzweise Zitronensaft)
150 g Frischkäse
Salz
Pfeffer
4 Tortillas (Weizenfladen, Ø 20–25 cm)
150 g Putenschinken in dünnen Scheiben
4 EL Mango-Chutney (ersatzweise anderes mildes Chutney)

1 Die Frühlingszwiebeln putzen, waschen und trocknen, dann in dünne Ringe schneiden. Die Minze, falls verwendet, waschen und trocken schütteln, dann die Blättchen von den Stängeln zupfen.

2 Den Salat putzen und in Blätter teilen. Die Salatblätter etwas kleiner reißen, waschen und trocknen.

3 Die Avocado halbieren und den Kern entfernen. Das Fruchtfleisch aus den Schalen löffeln, in ein hohes Gefäß geben und mit dem Limettensaft beträufeln. Den Frischkäse, Salz und nach Belieben auch die Minze dazugeben und alles fein pürieren. Die Creme kräftig mit Salz und Pfeffer abschmecken.

4 Eine Pfanne ohne Fett erhitzen. Die Tortillas darin nach Packungsanweisung von beiden Seiten ca. 1 Min. erhitzen, dann auf die Arbeitsfläche legen. Die Tortillas mit der Avocadocreme bestreichen, dann den Salat darauf verteilen. Die Putenschinkenscheiben darauflegen und dünn mit Chutney bestreichen. Zuletzt noch die Zwiebelringe oben aufstreuen.

5 Die Seiten der Teigfladen jeweils über der Füllung einklappen, dann die Teigfladen fest aufrollen. Zum Servieren die aufgerollten Tortillas nach Belieben mit einem scharfen Messer schräg halbieren.

Wer's feurig mag, *streut für etwas Schärfe noch ein paar Chiliflocken in die Wraps.*

Mal anders

… statt Schinken pro Esser 1 EL kleine schwarze Oliven (in Öl) abtropfen lassen, nach Belieben halbieren und mit dem Thymian über den Flammkuchen streuen.

… pro Portion 2–3 Scheiben (0,5 cm dick) von einer kleinen Ziegenkäserolle (∅ 2 cm) mit je 1–2 Msp. Honig bestreichen, salzen, pfeffern und mit Thymian bestreuen. Nach ca. 12 Min. Backzeit auf den Flammkuchen geben.

FLAMMKUCHEN MIT KÜRBIS UND SCHINKEN

Ultrabequem und variabel für jeden Geschmack!

FÜR 4 PERSONEN
20 Min. Zubereitung
15 Min. Backen
Pro Portion ca. 425 kcal, 10 g E, 26 g F, 38 g KH

- 4 dünne Scheiben luftgetrockneter Schinken
- 1 Pck. Flammkuchenteig (Kühlregal; 40 × 24 cm; 260 g)
- 200 g Crème fraîche
- ¼ Hokkaido-Kürbis (geputzt gewogen ca. 100 g)
- 1 EL Olivenöl
- 3 dünne Frühlingszwiebeln
- 2 dünne rote Spitzpaprika
- 2 Zweige Thymian
- Salz
- Pfeffer

1 Den Backofen auf 220° vorheizen. Den Schinken aus dem Kühlschrank nehmen, die Scheiben kleiner zupfen und beiseitestellen. Den Flammkuchenteig aus der Packung nehmen und mit dem Papier direkt auf einem Backblech ausrollen. Dann die Crème fraîche gleichmäßig auf dem Teig verstreichen.

2 Für den Belag das Kürbisstück putzen und entkernen, schadhafte Stellen an der Schale wegschneiden. Den Kürbis in zwei bis drei Spalten, diese dann quer in 2–3 mm dünne Scheibchen schneiden und auf der Crème fraîche verteilen. Die Kürbisstücke anschließend mit dem Olivenöl bepinseln.

3 Die Frühlingszwiebeln putzen, waschen und trocknen, dann schräg in dünne Ringe schneiden. Die Spitzpaprika putzen, waschen und trocknen. Den Stiel abschneiden und die Paprika mit einem spitzen Messer entkernen. Dann in dünne Ringe hobeln und mit den Frühlingszwiebelringen auf dem Flammkuchen verteilen. Thymian waschen und trocken schütteln, die Blättchen abstreifen. Den Belag salzen, mit Pfeffer übermahlen und mit den Thymianblättchen bestreuen.

4 Den Flammkuchen im Ofen (Mitte) ca. 15 Min. backen, dann aus dem Ofen nehmen und vor dem Servieren mit dem zerzupften Schinken garnieren.

MEDITERRANE HÄHNCHENBONBONS

Überraschung: Gut verpackt gart Hähnchenfleisch besonders zart. Und das Drumherum kann individuell gestaltet werden.

FÜR 4 PERSONEN
25 Min. Zubereitung
20 Min. Backen
5 Min. Ruhen
Pro Portion ca. 425 kcal,
36 g E, 28 g F, 6 g KH

200 g Kirschtomaten
Salz
Pfeffer
Zucker
1 Knoblauchzehe
1 kleines Bund Petersilie
2 Zweige Thymian
2 Stangen Staudensellerie (nach Belieben)
1 rote Zwiebel
4 EL schwarze Oliven (ohne Stein)
8 EL Olivenöl
1 TL Paprikapulver (nach Belieben edelsüß oder rosenscharf)
4 Hähnchenbrustfilets (je 150 g)

AUSSERDEM
4 Bögen festes Backpapier (ersatzweise 8 Bögen nehmen und je 2 übereinanderlegen)
Küchengarn

1 Den Backofen auf 200° vorheizen. Die Kirschtomaten waschen, trocknen, je nach Größe vierteln oder halbieren und in eine Schüssel geben. Mit etwas Salz, Pfeffer und 1 Prise Zucker bestreuen. Den Knoblauch schälen, fein hacken und untermischen.

2 Petersilie und Thymian waschen und trocken schütteln. Die Petersilienblättchen abzupfen und fein schneiden, Thymianblättchen abstreifen. Die Selleriestangen putzen, waschen und trocknen, dann die Stangen hauchdünn hobeln. Die Zwiebel schälen und würfeln. Die Oliven abtropfen lassen und in Ringe schneiden. Alles zu den Tomaten geben.

3 4 Bögen Backpapier auf die Arbeitsfläche legen. Das Olivenöl mit 1 TL Salz, Pfeffer und Paprikapulver mischen. Die Hähnchenbrustfilets mit Küchenpapier abtupfen, dickere Filets in zwei Hälften schneiden und rundherum mit dem Würzöl einpinseln. Je 1 Filet bzw. zwei Hälften in die Mitte jedes Backpapiers legen.

4 Die Zutaten in der Schüssel vorsichtig vermischen, dann über den Hähnchenbrustfilets verteilen. Das restliche Würzöl darüberträufeln. Zum Verschließen die Längsseiten des Papiers über der Füllung zusammennehmen und ein paar Mal umklappen. Die offenen Enden an den Seiten mit Küchengarn zusammenbinden.

5 Die vier Päckchen auf ein Blech legen und die Hähnchenbrustfilets im heißen Ofen (Mitte) ca. 18 Min. garen. Anschließend herausnehmen, auf Teller legen und noch ca. 5 Min. ruhen lassen. Dann die Päckchen öffnen und mit Baguette oder Couscous genießen.

Mal anders

Wer keine Oliven mag, lässt sie aus seinem Bonbon einfach raus. Statt Staudensellerie kann man auch Zucchiniwürfelchen mitverpacken. Und auch Paprikawürfel machen sich gut als Hähnchenbegleiter.

CREMIGE ONE-POT-PASTA MIT ERBSEN

Kinderleicht - das schaffen schon die Kleinsten ganz locker

FÜR 4 PERSONEN
15 Min. Zubereitung
Pro Portion ca. 580 kcal,
19 g E, 26 g F, 65 g KH

300 g Makkaroni
½ TL Salz
200 g Sahne
500 ml Möhrendirektsaft
2 EL Zitronensaft
1 TL mildes Currypulver
200 g TK-Erbsen
100 g geriebener Cheddar (ersatzweise anderer Reibekäse)
2 EL TK-Kräutermischung

1 Die Makkaroni mit Salz, Sahne, Möhrensaft, Zitronensaft, Currypulver und Erbsen in einen großen Topf geben. Alles einmal aufkochen und die Pasta anschließend bei mittlerer Hitze und unter gelegentlichem Umrühren in ca. 10 Min. fertig garen.

2 Zum Schluss den geriebenen Cheddar sowie die Kräuter unter die Pasta rühren und servieren.

One-Pot-Zaubertopf
One-Pot-Gerichte sind perfekt für kleine Kochanfänger: Es kommt alles in einen Topf und wird zusammen erwärmt. Da kann nichts spritzen, und wenn ihr ab und zu rührt, brennt auch nichts an. Wenig Arbeit, wenig Abwasch und schnell fertig – ein ideales Familien-Feierabend-Gericht, das ihr nach eurem Geschmack abwandeln könnt. Probiert doch auch mal:
… passierte Tomaten statt Möhrensaft
… TK-Spinat, kleingewürfelte Zucchini oder Paprika statt Erbsen
… zusätzlich zum Garnieren angebratene Speckwürfel, Pilze oder Krabben.

BUNTES GEMÜSE VOM BLECH MIT SPIEGELEI

Farbenfroher Auftritt für euer Lieblingsgemüse: Bäckt sich fast von allein und ist bestimmt im Nu aufgefuttert.

FÜR 4 PERSONEN
30 Min. Zubereitung
Pro Portion ca. 800 kcal, 26 g E, 37 g F, 98 g KH

1 kleiner Hokkaido-Kürbis (geputzt gewogen ca. 800 g)
3 große Paprika (ca. 500 g)
300 g TK-Brokkoliröschen
5 EL Olivenöl
Salz
1 kleines Bund Frühlingszwiebeln
4 Eier (M)
1 Fladenbrot
gemahlene Chili (nach Belieben)
150 g Crème fraîche

1 Den Ofen auf 220° vorheizen. Den Kürbis waschen und trocknen, halbieren, entkernen und schadhafte Stellen aus der Schale herausschneiden. Dann die Kürbishälften in Spalten schneiden. Die Paprika waschen, trocknen, längs vierteln und von Stiel, Kernen und Trennwänden befreien. Dann die Paprika in Streifen schneiden. Beides auf einem mit Backpapier ausgelegten Backblech verteilen, den Brokkoli dazugeben und das Olivenöl mit dem Gemüse auf dem Blech vermengen. Das Gemüse noch etwas salzen und anschließend ca. 10 Min. im Ofen (Mitte) backen.

2 Inzwischen die Frühlingszwiebeln waschen, trocknen und in feine Ringe schneiden. Nach ca. 10 Min. die Eier auf das Gemüse schlagen und weitere 10 Min. backen. Die letzten 3 Min. das Fladenbrot auf dem Gitterrost unten in den Backofen schieben und aufbacken.

3 Die Crème fraîche in einer Schüssel cremig rühren. Das Gemüse aus dem Ofen nehmen, mit Salz abschmecken und mit Frühlingszwiebeln und nach Belieben mit Chili bestreuen. Das Gemüse auf dem Blech servieren, Fladenbrot und Crème fraîche dazu reichen.

Vorsicht, heiß!
Das Gericht eignet sich perfekt, um gesellig miteinander zu schlemmen. Rückt einfach näher zusammen und teilt euch das Gemüse vom Blech – Gabel rein und los geht´s. Aber aufpassen, denn das Blech ist anfangs sehr heiß. Für kleine Kinder lieber eine Portion abnehmen und doch auf dem Teller servieren.

BUNTE BLACK BEAN TACOS

Ein echtes Anti-Mäkel-Essen: Schälchen auf den Tisch und jeder stellt sich seine Lieblings-Kombi selbst zusammen!

FÜR 4 PERSONEN
30 Min. Zubereitung
Pro Portion ca. 575 kcal,
24 g E, 32 g F, 43 g KH

100 g Rotkohl
1 Römersalatherz
1 kleine rote Zwiebel
1 rote Spitzpaprika
1 Bund Koriander
2 EL Limettensaft (ersatzweise Zitronensaft)
Salz
1 EL Öl
180 g vegetarische Hackfleisch-Alternative (Kühlregal)
1 Dose schwarze Bohnen in Chilisauce (400 g)
150 g Schmand
100 g geriebener Emmentaler
12 Taco-Shells

1 Den Rotkohl waschen, trocknen, putzen und in feine Streifen hobeln. Den Salat waschen, trocknen und längs halbieren. Den Strunk entfernen und den Salat in feine Streifen schneiden. Rotkohl und Salat jeweils schon zum Servieren in ein Schälchen geben.

2 Die Zwiebel schälen und sehr fein hacken. Die Paprika waschen, trocknen und längs vierteln. Von Stiel, Kernen und Trennwänden befreien und sehr fein würfeln. Den Koriander waschen, trocken schütteln, die Blättchen abzupfen und fein hacken. Den Koriander mit Zwiebel- und Paprikawürfeln, Limettensaft sowie einer kräftigen Prise Salz in einer Schüssel mischen.

3 Eine Pfanne erhitzen, das Öl hineingeben und das vegetarische Hackfleisch darin ca. 3 Min. rundherum anbraten. Dann die Bohnen dazugeben und alles weitere ca. 5 Min. bei kleiner Hitze garen. Den Schmand inzwischen in einer Schale glattrühren. Den geriebenen Käse in eine Schüssel füllen

4 Rotkohl, Salat, Koriander, Paprikasalsa, Bohnenmasse, Schmand und geriebenen Käse in Schälchen auf den Tisch stellen und die Taco-Shells ganz nach Lust und Laune damit befüllen.

Dazu passen auch noch …
… Reis, Hirse oder Quinoa
…. Kartoffel-Wedges
…. gebackene Süßkartoffel
…. Guacamole, Sour Cream oder Chili-Sauce

FISCHRAGOUT MIT FENCHEL UND MÖHRE

Mit einer Prise Safran ist das Fischragout ganz was Feines für den Familienfeierabend. Und es köchelt sich fast von allein.

FÜR 4 PERSONEN
30 Min. Zubereitung
Pro Portion ca. 350 kcal, 28 g E, 21 g F, 7 g KH

400 ml Gemüsebrühe
4 Möhren (je ca. 70 g)
2 Fenchel mit frischem Grün (je ca. 200 g)
1 Prise Safran (Pulver oder Fäden; nach Belieben)
600 g Skreifilet (Winterkabeljau; ersatzweise Kabeljau)
2 EL Zitronensaft
Salz
Pfeffer
½ Bund Schnittlauch (ersatzweise 2 EL TK-Schnittlauch)
200 g Crème fraîche

1 Die Möhren schälen, putzen und längs vierteln. Die Viertel quer in kleine Stückchen schneiden. Von den Fenchelknollen das Grün abzupfen, waschen und beiseitestellen. Die Knollen putzen, waschen, trocknen und längs vierteln. Den Strunk herausschneiden. Die Viertel in ca. 1 cm große Stücke schneiden.

2 Die Gemüsebrühe in einem Topf aufkochen, nach Belieben den Safran hineinrühren. Dann die Gemüsestücke in die kochende Brühe geben und darin in ca. 5 Min. bissfest garen.

3 Inzwischen das Fischfilet abbrausen, trocken tupfen und längs halbieren. Die Hälften in ca. 4 cm große Stücke schneiden. Auf einem Teller mit dem Zitronensaft beträufeln und mit etwas Salz und Pfeffer würzen. Den Schnittlauch waschen, trocken schütteln und in feine Röllchen schneiden. Das Fenchelgrün hacken.

4 Wenn die Gemüsestückchen bissfest gegart sind, die Hälfte von Fenchelgrün und Schnittlauch sowie die Crème fraîche in die Brühe rühren. Alles einmal aufkochen, dann die Hitze stark reduzieren. Die Fischstücke in die cremige Sauce einrühren und bei kleinster Hitze in 3–4 Min. garziehen lassen. Das Fischragout nicht mehr umrühren und mit restlichem Fenchelgrün und dem Schnittlauch bestreut servieren.

Und dazu?

Knuspriges Baguette passt gut. Oder vor Beginn des Ragoutkochens Kartoffeln schälen, halbieren und in 20–30 Min. in wenig Salzwasser garen. Oder Schnellkochreis nach Packungsanweisung zubereiten und dazu servieren.

FAMILY SOULFOOD

Essen kann die Seele streicheln … und das haben wir nach nervigen Tagen alle manchmal bitter nötig. Dann heißt es: »Küchentür zu, tschüss Alltagsfrust! Wir köcheln heute wenigsten etwas Schönes.«. Und mit Bratwürstl, Burger oder Lachsfilet im Bauch ist bestimmt alles nur noch halb so wild.

PIZZASUPPE

Heute werden alle Pizza-Zutaten als Suppe serviert. Statt Salami gibt's proteinreiches Sojahack und der Teig kommt als schnelles Pizzabrot dazu.

FÜR 4 PERSONEN
30 Min. Zubereitung
Pro Portion ca. 500 kcal,
26 g E, 16 g F, 58 g KH

100 g feine Sojaschnetzel
50 ml Sojasauce
1 Zwiebel
1 große Paprika (ca. 300 g)
4 Pitataschen
4 EL Olivenöl
2 TL getrockneter Majoran
1 Dose stückige Tomaten (400 g)
1 kleine Dose Mais
(130 g Abtropfgewicht)
Salz
1 Prise Zucker
Pfeffer (nach Belieben)
½ kleines Bund Basilikum
60 g Mozzarella
Fleur de Sel (nach Belieben)

1 Den Ofen auf 220° Umluft vorheizen. Sojaschnetzel mit der Sojasauce und 250 ml kochendem Wasser in eine Schüssel geben, mit einem Teller abdecken und ca. 10 Min. quellen lassen.

2 Inzwischen die Zwiebel schälen und fein hacken. Die Paprika waschen, entstielen, entkernen und fein würfeln. Die Pitataschen mit 2 EL Olivenöl einreiben und noch mit 1 TL Majoran bestreuen. Auf einem mit Backpapier ausgelegtem Backblech verteilen und im Ofen (Mitte) 8–10 Min. backen.

3 Die restlichen 2 EL Öl in einem großen, beschichteten Topf erhitzen. Zwiebeln und Sojaschnetzel darin bei hoher Hitze unter ständigem Rühren ca. 2 Min. anbraten. Dann mit den Tomaten sowie 500 ml Wasser ablöschen und alles bei mittlerer Hitze köcheln lassen.

4 Den Mais in ein Sieb abgießen, abspülen und mit der Paprika zu der Tomatenmasse in den Topf geben. Kräftig mit Salz, Zucker und restlichem Majoran sowie Pfeffer nach Belieben würzen und abschmecken. Die Suppe offen 6–8 Min. köcheln lassen.

5 Inzwischen das Basilikum waschen und trocken schütteln, die Blättchen abzupfen und in Streifen schneiden. Die Suppe auf Teller verteilen, den Mozzarella darüberzupfen und das Basilikum darüber streuen. Das Brot aus dem Ofen holen, nach Belieben mit Fleur de Sel bestreuen und dazureichen.

Statt Pitabrot…
… könnt ihr auch ganz bequem Grissini oder Käse-Knusperstangen aus dem Supermarkt zur Suppe servieren.

BUCHSTABENSUPPE MIT HÄHNCHEN UND GEMÜSE

Nicht ganz die Hühnersuppe wie bei Oma, aber superfix und ebenso wirksam gegen Schnupfennase und schlechte Laune.

FÜR 4 PERSONEN
30 Min. Zubereitung
Pro Portion ca. 325 kcal,
24 g E, 3 g F, 48 g KH

2 l Hühnerbrühe (Instant)
2 EL Sojasauce
1 kleines Stück Ingwer (2 cm lang; nach Belieben)
2 kleine Hähnchenbrustfilets
200 g Möhren
200 g Pastinaken
½ Bund Schnittlauch
200 g Buchstabennudeln (ersatzweise andere kleine Suppennudeln, z. B. Sternchen)
100 g TK-Erbsen
Salz
Pfeffer

1 Die Hühnerbrühe mit 1 EL Sojasauce in einem Suppentopf aufkochen. Den Ingwer, falls verwendet, schälen, halbieren und zum Aromatisieren der Brühe dazugeben. Die Hähnchenbrustfilets trocken tupfen und in die kochende Brühe geben. Dann die Hitze sofort reduzieren und das Hähnchenfleisch in ca. 12 Min. offen bei kleiner Hitze garziehen lassen.

2 Inzwischen die Möhren und die Pastinaken schälen und in sehr kleine Würfel schneiden. Den Schnittlauch waschen, trocken schütteln und in Röllchen schneiden.

3 Das gegarte Hähnchenfleisch aus der Brühe nehmen und auf ein Schneidebrett legen. Den Ingwer herausholen und wegwerfen. Nudeln, Möhren, Pastinaken und TK-Erbsen in die Brühe geben. Alles aufkochen und 6–10 Min. weiterköcheln lassen, bis Gemüse und Nudeln bissfest gegart sind (Packungsanweisung der Nudeln beachten). Inzwischen das Hähnchenfleisch in mundgerechte Würfel schneiden.

4 Wenn alles bissfest gegart ist, die Fleischstückchen in die Suppe geben und noch 1–2 Min. mitköcheln lassen. Dann die Suppe mit Sojasauce, Salz und Pfeffer abschmecken und sofort servieren. Den Schnittlauch darüberstreuen oder separat bei Tisch dazustellen.

BEHAGLICHER FAMILIEN-FEIERABEND

»Endlich Dienstschluss!« denken viele Eltern, wenn der Tag sich dem Ende zuneigt, und auch ältere Kinder sehnen sich nach Rückzug. Aber: Gelegentlich miteinander den Abend zelebrieren schafft Nähe.

IDEEN SAMMELN

Gemeinsam Zeit verbringen ist nur dann wertvoll, wenn es für alle schön ist. Setzt euch doch mal zusammen und bündelt eure Vorstellungen, wie ein gemeinsamer Abend für euch aussehen sollte. Alle Ideen sind erlaubt, wenn sie auch noch so unvorstellbar scheinen. Dann schaut ihr euch an, was ihr davon wie umsetzen könnt. Vielleicht gibt es den Vorschlag in ein Sternerestaurant zu gehen, es ist euch aber zu teuer? Dann bereitet doch stattdessen ein Rezept von einem Sternekoch zu. Oder der Nachwuchs will mal einen ganzen Abend lang bestimmen und Eis zum Dinner servieren? Lasst euch von euch selbst überraschen. Je weniger ihr eure Gedanken einschränkt, desto verblüffender sind die Ergebnisse

COCKTAIL-ABEND

Warum nicht mal einen geselligen Abend mit der Familie statt mit Freunden planen? Ladet euren Nachwuchs zu einer kleinen Afterwork-Party mit Snacks und Cocktails ein – natürlich alkoholfrei. Richtet den Tisch so her, als kämen Gäste, und erlaubt euren Kindern mal länger aufzubleiben. Neben gemeinsamer Zeit erfahren sie dadurch noch eine wichtige Botschaft: Du bist mir wichtig.

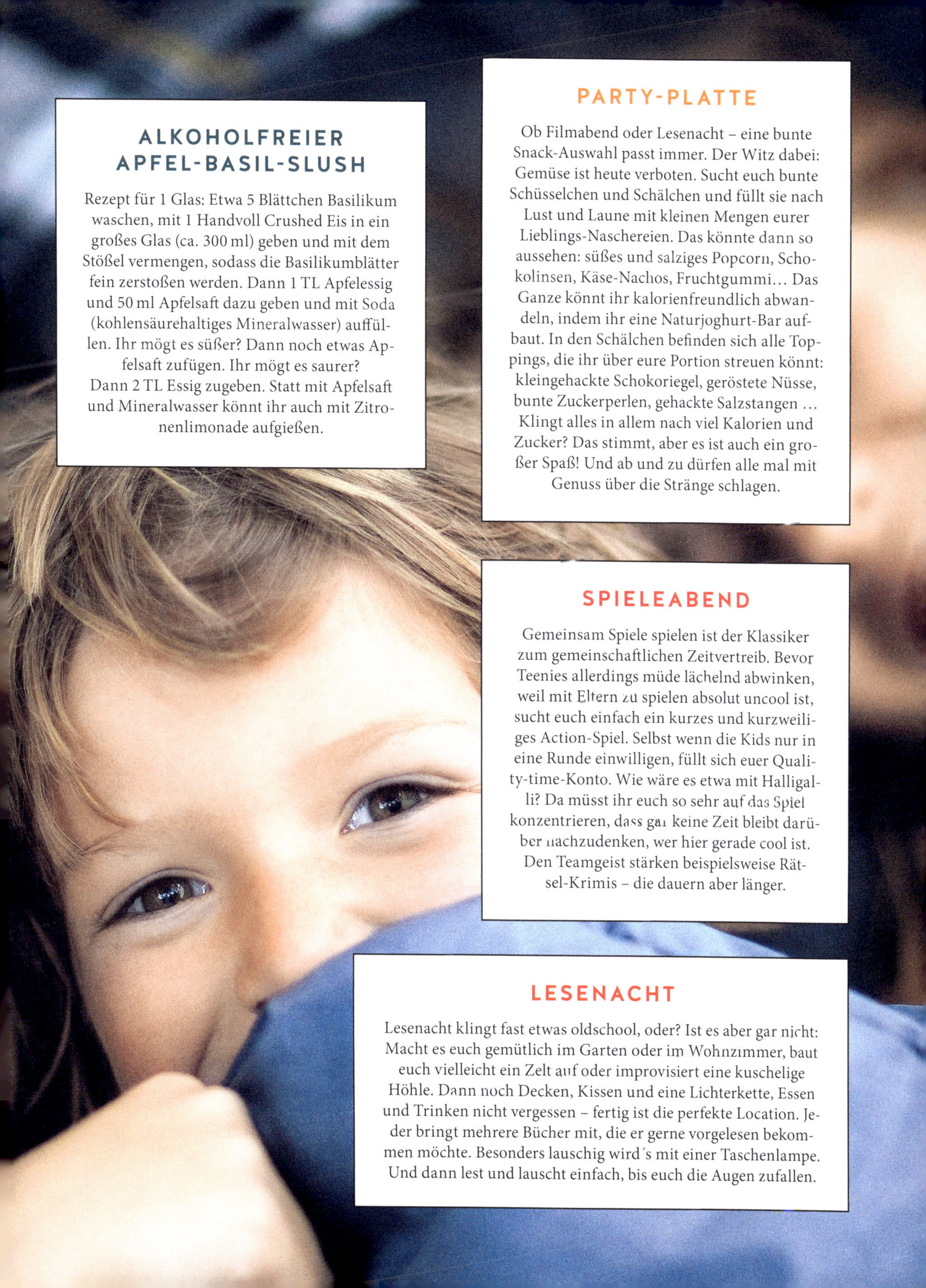

ALKOHOLFREIER APFEL-BASIL-SLUSH

Rezept für 1 Glas: Etwa 5 Blättchen Basilikum waschen, mit 1 Handvoll Crushed Eis in ein großes Glas (ca. 300 ml) geben und mit dem Stößel vermengen, sodass die Basilikumblätter fein zerstoßen werden. Dann 1 TL Apfelessig und 50 ml Apfelsaft dazu geben und mit Soda (kohlensäurehaltiges Mineralwasser) auffüllen. Ihr mögt es süßer? Dann noch etwas Apfelsaft zufügen. Ihr mögt es saurer? Dann 2 TL Essig zugeben. Statt mit Apfelsaft und Mineralwasser könnt ihr auch mit Zitronenlimonade aufgießen.

PARTY-PLATTE

Ob Filmabend oder Lesenacht – eine bunte Snack-Auswahl passt immer. Der Witz dabei: Gemüse ist heute verboten. Sucht euch bunte Schüsselchen und Schälchen und füllt sie nach Lust und Laune mit kleinen Mengen eurer Lieblings-Naschereien. Das könnte dann so aussehen: süßes und salziges Popcorn, Schokolinsen, Käse-Nachos, Fruchtgummi… Das Ganze könnt ihr kalorienfreundlich abwandeln, indem ihr eine Naturjoghurt-Bar aufbaut. In den Schälchen befinden sich alle Toppings, die ihr über eure Portion streuen könnt: kleingehackte Schokoriegel, geröstete Nüsse, bunte Zuckerperlen, gehackte Salzstangen … Klingt alles in allem nach viel Kalorien und Zucker? Das stimmt, aber es ist auch ein großer Spaß! Und ab und zu dürfen alle mal mit Genuss über die Stränge schlagen.

SPIELEABEND

Gemeinsam Spiele spielen ist der Klassiker zum gemeinschaftlichen Zeitvertreib. Bevor Teenies allerdings müde lächelnd abwinken, weil mit Eltern zu spielen absolut uncool ist, sucht euch einfach ein kurzes und kurzweiliges Action-Spiel. Selbst wenn die Kids nur in eine Runde einwilligen, füllt sich euer Quality-time-Konto. Wie wäre es etwa mit Halligalli? Da müsst ihr euch so sehr auf das Spiel konzentrieren, dass gar keine Zeit bleibt darüber nachzudenken, wer hier gerade cool ist. Den Teamgeist stärken beispielsweise Rätsel-Krimis – die dauern aber länger.

LESENACHT

Lesenacht klingt fast etwas oldschool, oder? Ist es aber gar nicht: Macht es euch gemütlich im Garten oder im Wohnzimmer, baut euch vielleicht ein Zelt auf oder improvisiert eine kuschelige Höhle. Dann noch Decken, Kissen und eine Lichterkette, Essen und Trinken nicht vergessen – fertig ist die perfekte Location. Jeder bringt mehrere Bücher mit, die er gerne vorgelesen bekommen möchte. Besonders lauschig wird´s mit einer Taschenlampe. Und dann lest und lauscht einfach, bis euch die Augen zufallen.

PAPRIKA-SALAMI-BAGUETTE AUS DEM OFEN

Wie der Klassiker aus der Tiefkühltheke – nur besser!

FÜR 4 PERSONEN
30 Min. Zubereitung
Pro Portion ca. 730 kcal,
27 g E, 46 g F, 50 g KH

2 rote Paprika (ca. 500 g)
1 Schalotte
100 g Salami (ersatzweise vegetarische Salami)
400 g saure Sahne
80 g Mayonnaise
150 g geriebener Emmentaler (ersatzweise anderer Käse)
Salz
Pfeffer
300 g Baguette (frisch oder zum Aufbacken)

1 Den Ofen auf 220° vorheizen. Ein Backblech mit Backpapier auslegen. Die Paprika waschen, längs vierteln und von Stiel, Kernen und Trennwänden befreien. Dann die Paprika fein würfeln. Die Schalotte schälen, halbieren und in feine Ringe schneiden. Die Salami ebenfalls in feine Würfel schneiden.

2 Paprika, Salami und Schalottenringe mit saurer Sahne, Mayonaise und der Hälfte des Emmentalers in einer Schüssel vermengen. Die Masse kräftig mit Salz und Pfeffer abschmecken.

3 Das Baguette halbieren und die Hälften längs aufschneiden. Die Baguette-Hälften auf das Backblech legen und gleichmäßig mit der Paprika-Salami-Masse bestreichen. Den restlichen Käse darüberstreuen und die Baguettes im Ofen (Mitte) ca. 15 Min. backen. Dazu passt ein frischer grüner Salat.

Mitmach-Tipp
Die Masse anrühren und auf den Baguette-Hälften verstreichen schaffen schon ganz kleine Kinder. Diese Pizzabaguettes können natürlich nach Lust und Laune abgewandelt werden – fragt doch mal den Nachwuchs, auf was der Lust hat. Brokkoli-Mais? Speck-Pilze? Tomate-Mozzarella? Die Möglichkeiten sind unendlich!

ROTE-BETE-SALAT MIT BACON UND GEBRATENEN MAULTASCHEN

Fix gemacht dank fertiger Maultaschen aus dem Kühlregal

FÜR 4 PERSONEN
30 Min. Zubereitung
Pro Portion ca. 495 kcal,
24 g E, 26 g F, 45 g KH

80 g Bacon
600 g Maultaschen (Kühlregal)
150 g Pflücksalat
250 g vorgegarte Rote Bete (vakuumverpackt)
1 Bund Petersilie (ersatzweise 4 EL TK-Petersilie)
2 EL Limettensaft (ersatzweise Zitronensaft)
2 EL Olivenöl
½ TL Salz
1 TL Agavendicksaft
200 g körniger Frischkäse

1 Den Ofen auf 160° Umluft vorheizen. Den Bacon auf einem mit Backpapier ausgelegten Backblech verteilen und in ca. 12 Min. im heißen Ofen kross backen. Inzwischen die Maultaschen in Streifen schneiden. Den Pflücksalat verlesen, waschen und trocken schleudern. Die Rote Bete in kleine Würfel schneiden.

2 Den Bacon aus dem Ofen herausholen und auf einen Teller geben, das Backpapier auf dem Blech lassen. Die Maultaschen auf das Backpapier geben, gründlich mit dem ausgelassenen Bacon-Fett vermengen und ca. 10 Min. im Ofen (Mitte) backen.

3 Für das Dressing die Petersilie waschen und trocken schütteln, die Blättchen abzupfen und fein hacken. Limettensaft, Petersilie, Olivenöl, Salz und Agavendicksaft mit 2 EL Wasser in einen hohen Rührbecher geben und mit dem Pürierstab zu einem Dressing glatt mixen.

4 Den Pflücksalat auf Teller verteilen. Darüber Rote Bete, Maultaschen und Bacon verteilen. Den körnigen Frischkäse dazwischen tupfen und den Salat mit dem Dressing beträufelt servieren. Dazu passen ein kräftiges Walnussbrot, aber auch Baguette oder Ciabatta.

Lieber vegetarisch?
Dann achtet auf vegetarisch gefüllte Maultaschen und wälzt diese in etwas Olivenöl, bevor ihr sie auf das Blech gebt. Für herzhafte Würze könnt ihr Parmesanspäne über den Salat hobeln. Geröstete grob gehackte Haselnüsse bringen Crunch mit in das Gericht.

GEMÜSESTÄBCHEN MIT KARTOFFELWEDGES UND DIP

Essen auch Gemüsemuffel gern

FÜR 4 PERSONEN
30 Min. Zubereitung
Pro Portion ca. 675 kcal,
36 g E, 27 g F, 69 g KH

- 1,5 kg große, vorwiegend festkochende Kartoffeln
- 3 EL Olivenöl
- 1 Bund Basilikum
- 1 Bund Schnittlauch
- 750 g Quark (20 % Fett)
- Salz
- Pfeffer
- 400 g Gemüsestäbchen (ersatzweise Gemüsenuggets oder -bällchen, Kühl- oder Tiefkühltheke)

1 Den Ofen auf 210° Umluft vorheizen. Die Kartoffeln waschen, trocknen, ggf. schälen und in fingerdicke Spalten schneiden. Diese in einer Schüssel mit 1 EL Olivenöl vermengen und auf einem mit Backpapier ausgelegten Backblech verteilen. Die Kartoffelspalten im Ofen (Mitte) ca. 25 Min. backen, bis sie goldbraun sind.

2 Inzwischen Basilikum und Schnittlauch waschen und trocken schütteln. Basilikumblättchen abzupfen und fein hacken, Schnittlauch in feine Röllchen schneiden. Je 1 EL der gehackten Kräuter beiseitelegen, den Rest mit dem Quark in einer Schüssel glattrühren. Den Dip mit Salz und Pfeffer abschmecken.

3 Die restlichen 2 EL Öl in 2 Pfannen erhitzen. Die Gemüsestäbchen darin nach Packungsanweisung bei mittlerer Hitze in 5–8 Min. von allen Seiten anbraten.

4 Die Kartoffelwedges mit dem Kräuterdip und den Gemüsestäbchen auf Tellern anrichten und mit den restlichen Kräutern bestreut servieren. Dazu passt buntes Rohkostgemüse wie Paprika- oder Möhrensticks.

Kartoffel und Quark – eine ideale Kombi
Denn zusammen versorgen sie euch mit einer guten Portion Protein, die vom Körper bestens aufgenommen wird. Das macht lange satt und ist für alle wichtig, die im Wachstum sind.

SPÄTZLE MIT BABYSPINAT UND RÖSTZWIEBEL

Gleich aus der Pfanne genießen!

FÜR 4 PERSONEN
20 Min. Zubereitung
Pro Portion ca. 565 kcal,
21 g E, 33 g F, 44 g KH

FÜR DIE RÖSTZWIEBELN
2 große weiße Zwiebeln
½ TL Paprikapulver
2 EL Mehl
Salz
4 EL Sonnenblumenöl zum Ausbacken

FÜR SPINAT UND SPÄTZLE
200 g Baby-Blattspinat
150 g Gruyère (ersatzweise Emmentaler)
1 EL Butter
500 g Spätzle (Kühlregal)
100 g Sahne
Salz
Pfeffer
frisch geriebene Muskatnuss

1 Die Zwiebeln schälen, halbieren und in dünne Streifen schneiden oder hobeln. Die Zwiebelstreifen in einer Schüssel gut voneinander trennen (am besten mit der Hand), trocken tupfen und mit Paprikapulver, Mehl und noch 1 Prise Salz bestäuben.

2 Den Babyspinat verlesen, waschen und trocken schleudern. Den Käse reiben.

3 Das Öl in einer hohen Pfanne erhitzen, aber nicht so stark, dass es raucht. Die Zwiebelstreifen darin portionsweise unter stetigem Rühren in ca. 5 Min. goldbraun braten. Die Streifen jeweils mit einer Schaumkelle aus der Pfanne nehmen und auf Küchenpapier abtropfen lassen. Die fertigen Zwiebeln beiseitestellen. Die Pfanne nicht säubern.

4 Die Butter in der Pfanne erhitzen. Die Spätzle darin ca. 3 Min. unter Wenden anbraten, dann den Spinat dazugeben und kurz mitdünsten. Die Sahne angießen und aufkochen. Alles kräftig mit Salz, Pfeffer und Muskat würzen. Den Käse unter die Spätzle rühren und schmelzen lassen. Dann die Spätzle mit den Röstzwiebeln bestreuen und sofort servieren.

Schneller geht's …
… mit Röstzwiebeln aus dem Supermarkt. Und die Küche müsst ihr dann auch nicht so lange lüften.

SCHNELLE TORTILLA-LASAGNE MIT LINSEN

Kinderleicht und superschnell: Die Masse wird einfach kalt angerührt!

FÜR 4 PERSONEN
10 Min. Zubereitung
25 Min. Backen
Pro Portion ca. 615 kcal, 32 g E, 25 g F, 61 g KH

1 große Möhre
1 Dose braune Linsen (265 g Abtropfgewicht)
1 Dose stückige Tomaten (400 g)
1 Glas rotes Pesto (120 g)
1 EL getrocknete italienische Kräuter
Salz
4 Tortillas (Weizenfladen, ∅ 20–25 cm)
400 g körniger Frischkäse
150 g geriebener Mozzarella (ersatzweise Gouda oder Emmentaler)

AUSSERDEM
runde Auflaufform (∅ 20–25 cm)
Öl für die Form

1 Den Backofen auf 200° vorheizen. Die Möhre putzen und schälen, dann auf einer Gemüsereibe grob raspeln. Die braunen Linsen in ein Sieb abgießen, abspülen und gut abtropfen lassen.

2 Möhren, Linsen, Tomatenstücke, Pesto sowie italienische Kräuter vermengen und mit Salz abschmecken.

3 Die Auflaufform fetten und eine Tortilla hineinlegen. Dann einen Teil der Tomatenmasse darüber verstreichen und einen Teil Frischkäse darüber tupfen. Mit einer weiteren Tortilla belegen und so die Zutaten in die Form schichten. Die oberste Schicht mit Mozzarella bestreuen und die Lasagne im Ofen (Mitte) ca. 25 Min. backen, bis der Käse goldbraun ist.

Keine runde Form da?
No problem! Dann schneidet die runden Tortillas einfach zurecht und schichtet alles in eine rechteckige Auflaufschale.

GNOCCHIPFANNE MIT TOMATEN UND BASILIKUM

So einfach – so gut. Schmeckt wie im Italien-Urlaub!

FÜR 4 PERSONEN
25 Min. Zubereitung
Pro Portion ca. 590 kcal,
22 g E, 19 g F, 80 g KH

500 g Kirschtomaten
2 TL Olivenöl
800 g Gnocchi (Kühlregal)
½ kleines Bund Basilikum
2 TL Zucker
150 g saure Sahne
250 g Mozzarella
Salz
Pfeffer

1 Die Tomaten waschen und halbieren. Das Olivenöl in zwei beschichteten, tiefen Pfannen erhitzen. Die Gnocchi dazugeben und nach Packungsanweisung in 7–9 Min. bei mittlerer Hitze rundum anbraten. Inzwischen das Basilikum waschen und trocken schütteln, die Blättchen abzupfen und in Streifen schneiden.

2 Die Gnocchi aus den Pfannen nehmen und auf einem Teller beiseitestellen. Je 1 TL Zucker in die beiden Pfannen geben und karamellisieren lassen. Dann die Tomaten sowie die Sahne dazugeben und kurz verrühren. Die Gnocchi wieder zurück in die Pfannen füllen und mit den Tomaten vermengen.

3 Den Mozzarella über die Gnocchi zupfen, alles leicht pfeffern und salzen. Die Gnocchipfanne mit dem Basilikum bestreuen und servieren.

So klappt's reibungslos
Für dieses Gericht benötigt ihr zwei beschichtete, tiefe Pfannen. Oder ihr nehmt gleich einen Wok. Und damit es flott fertig ist, können alle mithelfen – zum Beispiel beim Tomatenschneiden und Mozzarella zupfen.

NUDELAUFLAUF MIT GEMÜSE

Unter einer schönen Käseschicht und begleitet von der Lieblingsnudelsorte lässt sich so allerhand Gemüse verstecken.

FÜR 4 PERSONEN
30 Min. Zubereitung
20 Min. Backen
Pro Portion ca. 625 kcal,
30 g E, 25 g F, 67 g KH

Salz
1 kleiner Kohlrabi
2 Möhren
1 dünne Stange Lauch
1 kleine Dose Mais (nach Belieben; 130 g Abtropfgewicht)
1 kleine Knoblauchzehe
300 g Lieblingsnudeln (z. B. kurze Makkaroni oder Penne)
200 g Bergkäse
1 Beet Kresse
2 Eier (S)
100 g Sahne
100 ml Milch
frisch geriebene Muskatnuss
Pfeffer

AUSSERDEM
ofenfeste Form (20 × 30 cm)
Öl für die Form

1 In einem großen Topf reichlich Salzwasser aufkochen. Inzwischen den Kohlrabi schälen und in kleine Würfelchen schneiden. Die Möhren putzen, schälen, längs vierteln und quer in kleine Stücke schneiden. Den Lauch putzen, längs halbieren und waschen, dann die Hälften quer in Streifen schneiden. Den Mais, falls verwendet, in ein Sieb abgießen und abtropfen lassen.

2 Den Backofen auf 220° vorheizen. Knoblauch ungeschält halbieren. Eine große Form mit den Schnittflächen des Knoblauchs ausreiben, dann fetten. Nudeln nach Packungsanweisung im sprudelnd kochenden Salzwasser bissfest garen. Gut 3 Min. vor Ende der Nudelgarzeit das Gemüse (bis auf den Mais) mit in den Topf geben. Abdecken, sofort wieder zum Kochen bringen und alles ca. weitere 3 Min. kochen lassen. Dann nach Belieben den Mais für ca. 30 Sek. mit ins kochende Wasser geben.

3 Gemüse-Nudel-Mischung in ein Sieb abgießen, sehr gut abtropfen lassen und in die Form geben. Den Käse grob reiben und gut die Hälfte davon unter der Gemüse-Nudel-Mischung heben. Die Hälfte der Kresse vom Beet schneiden und untermischen.

4 Die Eier mit Sahne und Milch in einer Schüssel verquirlen. Je 1 kräftigen Prise Muskat, Pfeffer und Salz dazugeben und die Creme über den Nudeln verteilen. Den restlichen Käse darüberstreuen. Den Auflauf im heißen Ofen (Mitte) in 18–20 Min. goldbraun überbacken. Die restliche Kresse vom Beet schneiden. Den Auflauf damit bestreuen und servieren.

Gemüse nach Wunsch

Ein Familienmitglied streikt bei Kohlrabi? Beim Gemüse darf variiert werden: Brokkoli- oder Blumenkohlröschen, halbierte Zuckerschoten, TK-Erbsen oder Spargelstückchen passen auch richtig gut. Das geputzte Gemüse wie im Rezept angegeben jeweils ca. 3 Min. mitkochen.

WÜRZIG GEFÜLLTE BLÄTTERTEIG-SCHNECKEN

Fingerfood für den Familienfeierabend – super unkompliziert.

FÜR 4 PERSONEN
25 Min. Zubereitung
10 Min. Tiefkühlen
20 Min. Backen
Pro Portion ca. 425 kcal,
13 g E, 28 g F, 29 g KH

250 g Ricotta
2 EL Sahne
20 g Parmesan
2 Frühlingszwiebeln
2 Knoblauchzehen
4 getrocknete Tomaten (in Öl)
½ Bund Basilikum
2 Zweige Thymian
Salz
Pfeffer
1 Ei (S)
1 Blätterteig (Kühlregal; rechteckig; ca. 275 g)

1 Ricotta und Sahne in einer Schüssel glatt rühren. Den Parmesan dazureiben. Die Frühlingszwiebeln putzen, waschen, trocknen und sehr fein hacken, dann zur Ricottamischung geben. Den Knoblauch schälen undzu den anderen Zutaten in die Schüssel pressen.

2 Die getrockneten Tomaten etwas abtropfen lassen und fein hacken. Die Tomaten mit etwas Einlegeöl ebenfalls mit in die Schüssel geben. Den Basilikum und den Thymian waschen und trocken schütteln. Die Blättchen abzupfen bzw. abstreifen und fein hacken. Die Kräuter mit je 1 kräftigen Prise Salz und Pfeffer mit in die Schüssel geben und zu einer würzigen Creme vermischen. Die Creme mit Salz und Pfeffer abschmecken.

3 Das Ei trennen. Das Eigelb mit 1 EL Wasser verquirlen und beiseitestellen. Den Blätterteig mit dem Papier nach unten auf der Arbeitsfläche entrollen und dünn mit Eiweiß bepinseln. Die Creme darauf verstreichen. Den Blätterteig an der Längsseite etwas anheben, vom Papier trennen und vorsichtig aufrollen. Die lange Rolle halbieren und beide Rollen im Papier verpackt für ca. 10 Min. ins Tiefkühlfach legen.

4 Den Backofen auf 220° vorheizen. Die Blätterteigrollen aus dem Tiefkühlfach nehmen. Jede Rolle mit einem großen scharfen Messer in 6–8 gleich breite Scheiben schneiden. Die Scheiben jeweils mit der Hand nachformen und mit etwas Abstand auf ein mit Backpapier belegtes Backblech legen. Die Schnecken mit Eigelb bepinseln und im heißen Ofen (Mitte) in 18–20 Min. goldgelb backen. Dann herausnehmen und vor dem Servieren noch etwas abkühlen lassen.

Ist was übrig geblieben?
Die Schnecken schmecken auch am nächsten Tag als Pausensnack mit etwas Rohkost in der Brotbox!

Kartoffel-Clou

Wenn ihr große Kartoffeln nehmt, seid ihr schneller mit dem Schälen fertig. Kartoffeln schälen können übrigens schon die Kleinsten: Einfach Sparschäler in die Hand und los geht's – evtl. müssen die Erwachsenen dann nochmal nacharbeiten Das Würstchengulasch lässt sich übrigens auch prima vorbereiten und schmeckt durchgezogen noch viel besser.

WÜRSTCHENGULASCH

Ganz einfach und deftig. Für mehr Schärfe könnt ihr das edelsüße gegen scharfes Paprikapulver ersetzen.

FÜR 4 PERSONEN
30 Min. Zubereitung
Pro Portion ca. 770 kcal, 30 g E, 57 g F, 32 g KH

600 g festkochende Kartoffeln
Salz
3 große rote Paprika
2 rote Zwiebeln
600 g Rostbratwürste (ersatzweise vegetarische Würste)
2 EL Öl
500 g passierte Tomaten
1 EL edelsüßes Paprikapulver
½ kleines Bund Schnittlauch
100 g Schmand

1 Die Kartoffeln waschen, schälen und ca. 1 cm groß würfeln. Die Kartoffelstücke in einen Topf geben und mit Wasser bedecken. Leicht salzen, einmal aufkochen lassen und dann bei mittlerer Hitze und geschlossenem Deckel in ca. 20 Min. bissfest garen. Wenn die Kartoffeln gar sind, das Kartoffelwasser abgießen.

2 Inzwischen die Paprika waschen, von Stiel, Kernen und weißen Trennwänden befreien und in ca. 2 cm große Stücke schneiden. Die Zwiebeln schälen, vierteln und in ca. 1 cm breite Streifen schneiden. Die Würste in 1,5 cm dicke Stücke schneiden.

3 Das Öl in einem großen Topf erhitzen und die Würstchen darin 2–3 Min. anbraten. Die Zwiebel dazugeben und kurz mitbraten, dann die Paprika hinzufügen und mit den passierten Tomaten ablöschen. Das Paprikapulver unterrühren und alles bei mittlerer Hitze und geschlossenem Deckel unter gelegentlichem Rühren ca. 10 Min. köcheln lassen.

4 Inzwischen den Schnittlauch waschen, trocken schütteln und in feine Röllchen schneiden. Das Gulasch mit Salz abschmecken. Die Kartoffeln auf Teller verteilen, das Gulasch darübergeben. Je 1 EL Schmand dazugeben und alles mit Schnittlauch bestreut servieren.

VEGETARISCHER TEX-MEX-AUFLAUF MIT NACHOS

Wie im Kino: Es gibt Käse-Nachos zum Abendessen! Vielleicht sogar mit einem schönen Film auf der Couch?!

FÜR 4 PERSONEN
20 Min. Zubereitung
Pro Portion ca. 525 kcal, 27 g E, 24 g F, 47 g KH

1 Zwiebel
1 Dose weiße Bohnen (ca. 240 g Abtropfgewicht)
1 Dose Kidneybohnen (ca. 240 g Abtropfgewicht)
1 EL Öl
1 Dose stückige Tomaten (400 g)
1 Glas milder Salsa-Dip (ca. 200 g)
75 g Sonnenblumenhack
75 g Tortillachips
75 g geriebener Emmentaler
1 Avocado
1 Spitzpaprika
1 Frühlingszwiebel

AUSSERDEM
Auflaufform (17 × 23 cm)

1 Den Ofen auf 180° vorheizen. Die Zwiebel schälen und fein würfeln. Weiße Bohnen und Kidneybohnen in ein Sieb abgießen, abspülen und abtropfen lassen.

2 Das Öl in einer Pfanne erhitzen und die Zwiebel darin ca. 1 Min. anbraten, dann mit Tomatenstücken und Salsa ablöschen. Die abgetropften Bohnen sowie das Sonnenblumenhack dazugeben und alles für 3 Min. sanft einköcheln lassen.

3 Die Bohnenmasse in eine Auflaufform füllen und die Tortillachips darüber verteilen. Alles mit dem geriebenen Käse bestreuen und anschließend im vorgeheizten Ofen (Mitte) ca. 10 Min. überbacken.

4 Inzwischen die Avocado längs halbieren, entsteinen und der Länge nach in dünne Spalten schneiden. Die Avocadospalten mit einem Löffel auslösen. Die Spitzpaprika waschen, trocknen, von Stiel, Kernen und weißen Trennwänden befreien und in feine Ringe schneiden. Die Frühlingszwiebel waschen, trocknen, putzen und ebenfalls in feine Ringe schneiden.

5 Den Auflauf mit Avocadospalten, Spitzpaprika- und Frühlingszwiebelringen bestreut servieren. Dazu passen Kartoffelspalten aus dem Ofen, Quinoa oder Baguette.

Alternativ zu Sonnenblumenhack könnt ihr auch…
… Natur- oder Räuchertofu fein hacken oder bröseln
… feine Sojaschnetzel nach Packungsanweisung in Wasser einweichen
… 1 Dose braune Linsen abgießen
… Hackfleisch benutzen (dann ist das ganz natürlich nicht mehr vegetarisch)

BLUMENKOHL MIT SENF-KÄSE-SAUCE UND BREZELCROÛTONS

Unter cremiger Sauce verstecken sich Blumenkohlröschen immer gern.

FÜR 4 PERSONEN
20 Min. Zubereitung
15 Min. Backen
Pro Portion ca. 465 kcal,
20 g E, 33 g F, 21 g KH

250 ml Gemüsebrühe
1 Blumenkohl (ca. 800 g ohne Hüllblätter)
40 g Butter
30 g Mehl
200 ml Milch
100 g Crème fraîche
1 EL grobkörniger Senf (ersatzweise Dijon-Senf)
150 g geriebener Emmentaler
Salz
Pfeffer
frisch geriebene Muskatnuss
1 Laugenbrezel
2 EL TK-Schnittlauch

AUSSERDEM
Auflaufform (20 × 28 cm)
Butter für die Form

1 Den Backofen auf 200° vorheizen. Die Gemüsebrühe in einem Topf aufkochen. Inzwischen die Blumenkohlröschen vom Strunk schneiden, größere halbieren oder vierteln. Alle Röschen waschen. Den Strunk großzügig schälen und klein würfeln. Blumenkohlröschen und -würfel in die kochende Brühe geben und zugedeckt in ca. 5 Min. bei mittlerer Hitze bissfest garen.

2 Inzwischen eine weite ofenfeste Form dünn mit Butter ausstreichen. Den gegarten Blumenkohl abgießen, dabei die Brühe auffangen. Die Blumenkohlstückchen gut abtropfen lassen, dann nebeneinander in der eingefetteten Form verteilen.

3 30 g Butter in einem Topf schmelzen und das Mehl einrühren. Mit 200 ml Blumenkohlbrühe ablöschen, Milch und Crème fraîche unterrühren und unter Rühren aufkochen, bis eine cremige Béchamel entsteht. Den Senf und 100 g geriebenen Käse unterrühren. Die Sauce kräftig mit Salz, Pfeffer und Muskat würzen und über den Blumenkohl gießen.

4 Die Brezel in kleine Stückchen schneiden. Die restlichen 10 g Butter in einem Topf schmelzen und die Brezelstücke kurz darin wenden, dann mit dem restlichen Käse über den Blumenkohl streuen.

5 Alles im heißen Ofen (Mitte) in 12–15 Min. goldbraun backen. Dann aus dem Ofen nehmen und mit dem Schnittlauch bestreut servieren.

Bei großem Hunger …
4 Kartoffeln schälen, halbieren und in ca. 20 Min. in Salzwasser gar kochen. Zum Blumenkohl servieren. Wer mag, kann die Kartoffeln auch schälen, klein würfeln und mit dem Blumenkohl in (etwas mehr) Brühe garen.

HÄHNCHENSCHENKEL MIT SÜSSKARTOFFELN

Mit Würzbutter bestrichen – wie die Hendl beim Volksfest. Das bringt Festtagsstimmung in den Alltag!

FÜR 4 PERSONEN
20 Min. Zubereitung
30 Min. Backen
Pro Portion ca. 625 kcal,
36 g E, 36 g F, 39 g KH

4 kleine Hähnchenschenkel (je ca. 180 g)
1 EL Öl
4 EL Butter
1 Spritzer Zitronensaft
1 Prise Rohrohrzucker
1 TL edelsüßes Paprikapulver
2 TL getrockneter Thymian
750 g Süßkartoffeln
Salz
Pfeffer
2 EL TK-Petersilie

1 Den Backofen auf 200° vorheizen. Die Hähnchenschenkel trocken tupfen und an den Gelenken durchschneiden. Ein Backblech mit Öl bepinseln und die Hähnchenstücke mit der Haut nach oben darauflegen.

2 Die Butter in einem Topf schmelzen und mit dem Zitronensaft, Zucker und Paprikapulver verrühren. 1 TL Thymian mit den Fingerspitzen zerreiben und zur Butter geben. Dann die Hähnchenstücke mit der Hälfte der Würzbutter bepinseln.

3 Die Süßkartoffeln schälen und in ca. 1½ cm große Würfel schneiden. Die Würfel zur restlichen Würzbutter in den Topf geben, damit vermischen und mit einem Sieblöffel herausnehmen. Zu den Hähnchenstücken aufs Blech geben. Die restliche Butter zur Seite stellen. Die Hähnchen- und Süßkartoffelstücke mit Salz und Pfeffer würzen und mit dem restlichen TL Thymian bestreuen. 3–5 EL Wasser auf das Blech geben.

4 Hähnchen und Süßkartoffeln im heißen Ofen (Mitte) knapp 25 Min. garen. Dann die Temperatur auf 250° erhöhen. Die Hähnchen mit der restlichen Würzbutter bepinseln und weitere 3–5 Min. knusprig braun werden lassen. Achtung: Die Hähnchenhaut verbrennt leicht.

5 Wenn die Hähnchenstücke gegart sind (beim Anstechen läuft klarer Saft aus dem Fleisch), das Blech aus dem Ofen nehmen. Hähnchen und Süßkartoffeln mit der Petersilie bestreuen. Alles auf dem Blech servieren. Aber Vorsicht: Das ist noch ganz schön heiß! Dazu passen Baguette und ein grüner Salat.

BRATWÜRSTL MIT KÜRBIS-KARTOFFEL-STAMPF

So einfach, das kriegt ihr auch nach einem echt anstrengenden Tag noch easy hin!

FÜR 4 PERSONEN
30 Min. Zubereitung
Pro Portion ca. 475 kcal,
16 g E, 29 g F, 38 g KH

1 kleine Zwiebel
2 EL Öl
½ Hokkaido-Kürbis (geputzt gewogen ca. 400 g)
600 g mehligkochende Kartoffeln
400 ml Gemüsebrühe
12 kleine Nürnberger Rostbratwürstl (am besten Bio; ersatzweise 4 größere Bratwürste oder vegetarische Würste)
2 EL saure Sahne
1 TL Agavensirup (ersatzweise Honig)
Salz
Pfeffer
frisch geriebene Muskatnuss
1 EL TK-Schnittlauch
1 TL milde Chiliflocken (nach Belieben; z. B. Piment d'Espelette)

1 Für den Stampf die Zwiebel schälen und fein würfeln. 1 EL Öl in einem Topf erhitzen. Die Zwiebelwürfel darin bei sehr kleiner Hitze glasig andünsten.

2 Die Kürbishälfte putzen und entkernen, schadhafte Stellen an der Schale wegschneiden. Dann die Kürbishälfte waschen und mit einem großen, scharfen Kochmesser in 1–2 cm große Würfel schneiden.

3 Die Kartoffeln schälen und in ca. 1 cm große Würfel schneiden (müssen nicht exakt sein). Die Kürbis- und Kartoffelwürfel zu den Zwiebeln geben. Die Gemüsebrühe angießen und aufkochen. Das Gemüse zugedeckt bei mittlerer Hitze in ca. 15 Min. weich kochen.

4 Parallel dazu den restlichen EL Öl in einer beschichteten Pfanne erhitzen. Die Würstl trocken tupfen und in der Pfanne bei großer Hitze ca. 3 Min. unter Wenden appetitlich braun anbraten. Dann die Hitze reduzieren und die Würstl bei kleiner Hitze in 4–8 Min. fertig braten. Dabei die Würstl immer wieder hin und her rollen, damit sie gleichmäßig bräunen.

5 Das gegarte Kürbis-Kartoffel-Gemüse im Topf mit einem Kartoffelstampfer grob zerdrücken, die saure Sahne und den Agavensirup untermischen. Den Stampf mit Salz, Pfeffer und Muskat abschmecken und mit Schnittlauch und nach Belieben auch mit etwas Chilipulver bestreuen. Dann mit den Bratwürsteln servieren – wer mag, reicht noch Senf und Ketchup dazu.

Mithilfe willkommen!

Das Hokkaido-Schneiden ist nicht so einfach: Auch kleine Kürbisse können harte Brocken sein. Stattdessen können Kinder gut das Kartoffelschälen und -würfeln übernehmen oder auch die Würstl kleinschneiden – aber Achtung, die dürfen roh nicht genascht werden!

MEDAILLONS MIT PILZSAUCE UND RÖSTI

Das Richtige, wenn an einem Mittwochabend mal ein Sonntagsessen gebraucht wird!

FÜR 4 PERSONEN
30 Min. Zubereitung
Pro Portion ca. 575 kcal, 33 g E, 32 g F, 35 g KH

1 Schweinefilet (ca. 500 g)
1 Pck. Mini-Rösti (Bio-Laden, 390 g)
Salz
Pfeffer
2 TL getrockneter Thymian
250 g braune Champignons
1 rote Zwiebel
3 EL Öl
150 ml Gemüsebrühe
100 g Mascarpone
150 g kleine Kirschtomaten
2 EL TK-Petersilie

1 Den Backofen nach Packungsanweisung der Rösti vorheizen. Das Schweinefilet mit einem Messer von weißen Häutchen befreien und in ca. 3 cm dicke Scheiben schneiden. Diese etwas flacher drücken, salzen und pfeffern. Den Thymian zwischen den Fingerspitzen fein zerreiben und über das Fleisch streuen.

2 Die Pilze putzen, falls nötig, feucht abreiben und – je nach Größe – vierteln oder in Scheiben schneiden. Die Zwiebel schälen, vierteln und in feine Streifen schneiden. Die Mini-Rösti auf ein mit Backpapier belegtes Backblech legen und im heißen Ofen (Mitte) nach Packungsanweisung backen.

3 1 EL Öl in einer großen, beschichteten Pfanne erhitzen. Die Filetscheiben darin von jeder Seite ca. 1 Min scharf anbraten, dann auf jeder Seite 3–4 Min. bei mittlerer Hitze weiterbraten. Auf einen Teller geben, mit Backpapier bedecken und nachziehen lassen.

4 Die übrigen 2 EL Öl in der Pfanne erhitzen. Pilze und Zwiebeln darin bei großer Hitze unter Rühren ca. 3 Min. anbraten. Gemüsebrühe angießen, Mascarpone einrühren und alles cremig einköcheln lassen.

5 Inzwischen die Kirschtomaten waschen, trocknen, halbieren und und in die Sauce geben. Sollte sich bei den Medaillons Flüssigkeit gebildet haben, auch diese zur Sauce geben. Alles nochmals aufkochen und ca. 1 Min. köcheln lassen, dann 1 EL Petersilie einrühren. Die Medaillons in die Sauce legen und darin erhitzen. Zum Servieren mit dem restlichen EL Petersilie bestreuen und die Rösti dazugeben.

Das kriegen alle hin!
Wer in der Küche hilft, darf auch eigene Aufgaben übernehmen! Kirschtomaten waschen und halbieren beispielsweise, Pilze abreiben und schneiden oder auch den Thymian zerreiben.

TOMATENBURGER MIT GRILLKÄSE

Genauso schnell, aber so viel besser als vom Burgerladen um die Ecke

FÜR 4 PERSONEN
20 Min. Zubereitung
Pro Portion ca. 500 kcal, 23 g E, 29 g F, 34 g KH

- 5 EL Tomatenmark
- 2 EL Schmand
- Salz
- Pfeffer
- 1 rote Zwiebel
- 1 mittelgroße Tomate
- 2 Handvoll Rucola
- 4 Stück Lieblings-Grill- oder Pfannenkäse
- 4 Lieblingsbrötchen (z. B. Lauge, Sesam)
- 40 g getrocknete Tomaten (ca. 4–8 Stück)

1 Tomatenmark und Schmand in einer Schüssel glattrühren und mit Salz und Pfeffer kräftig abschmecken. Die Zwiebel schälen und in sehr feine Ringe schneiden. Die Tomate waschen, trocknen, vom Stielansatz befreien und in Scheiben schneiden. Rucola waschen und trocken tupfen. Grillkäse aus der Packung nehmen und abtropfen lassen. Die Brötchen quer halbieren.

2 Eine große Pfanne auf mittlerer Stufe erhitzen. Die Brötchenhälften mit den Schnittseiten nach unten in die Pfanne legen, an den Pfannenboden andrücken und je ca. 30 Sek. anrösten. Aus der Pfanne nehmen. Den Pfannenboden mit einem Bogen Backpapier auslegen und den Käse nach Packungsanweisung darin von beiden Seiten knusprig anbraten.

3 Die Brötchenhälften mit dem Tomatenschmand bestreichen. Die unteren Hälften mit Tomatenscheiben, Zwiebeln und Rucola belegen. Den Käse und die getrockneten Tomaten darübergeben und die Burger mit der oberen Brötchenhälfte abschließen.

Alles Käse?
Burger top, aber Käse eher Flop? Wenn euer Stimmungsbarometer in den Keller zu sinken droht, nehmt doch einfach Leberkäse. Oder Frikadellen, Burgerpatties oder was ihr gerade da habt – zur Not einfach 3 Scheiben Salami.

LACHSFILET MIT BLATTSPINAT UND RÖSTKARTOFFELN

Ein ganz feines Essen, das in Nullkommanix auf dem Tisch steht.

FÜR 4 PERSONEN
30 Min. Zubereitung
Pro Portion ca. 585 kcal,
34 g E, 41 g F, 20 g KH

FÜR DAS LACHSFILET
4 Lachsfilets
(je ca. 150 g; ohne Haut)
2 EL Butter

FÜR DIE KARTOFFELN
600 g möglichst schlanke, festkochende Kartoffeln
2 EL Öl
1 EL Butter
1 TL Paprikapulver

FÜR DEN SPINAT
1 EL Öl
½ Pck. italienische TK-Kräuter
450 g TK-Blattspinat
50 g Sahne
50 ml kräftige Gemüsebrühe
frisch geriebene Muskatnuss
½ Zitrone

AUSSERDEM
Salz
Pfeffer
ofenfeste Form
Butter für die Form

1 Den Backofen auf 220° vorheizen. Für den Lachs eine ofenfeste Form mit Butter ausstreichen. Die Lachsstücke hineinlegen, mit Pfeffer übermahlen und mit jeweils ½ EL Butter belegen.

2 Für die Röstkartoffeln die Kartoffeln schälen und in ca. 4 mm dicke Scheiben schneiden oder hobeln.

3 Für den Spinat das Öl in einem Topf erhitzen. Die Kräuter einstreuen und kurz andünsten, dann Spinat, Sahne und Gemüsebrühe dazugeben. Den Spinat zugedeckt bei kleiner Hitze ca. 15 Min. garen.

4 Parallel dazu das Öl in einer sehr großen Pfanne mit Deckel stark erhitzen. Die Kartoffelscheiben trocken tupfen, möglichst nebeneinander in die Pfanne geben und 2–3 Min. anbraten. Wenn die Scheiben auf der Unterseite leicht gebräunt sind, die Hitze herunterschalten. Jetzt die Form mit dem Lachs in den heißen Ofen (Mitte) stellen, die Lachsstücke darin 8–10 Min. garen.

5 Die vorgebratenen Kartoffelscheiben nach 2–3 Min. wenden und zugedeckt 4–5 Min. weiterbraten, zwischendurch die Kartoffeln noch einmal wenden. Zum Schluss die Butter in die Pfanne geben. Die Kartoffeln nochmals ca. 2 Min. bei größerer Hitze offen braten, bis sie goldgelb sind, dabei öfter wenden. Dann mit Salz, Pfeffer und Paprika abschmecken.

6 Den fertigen Spinat mit Salz, Pfeffer und Muskat abschmecken. Die Zitronenhälfte in 4 Schnitze schneiden. Den Lachs mit den Röstkartoffeln, dem Spinat und den Zitronenspalten servieren.

GESUND UND LECKER

Die Familie streikt bei Grünzeug, dabei gab es schon dreimal Nudeln die Woche? Kein Stress, hier kommen familientaugliche und -erprobte Rezepte für euch, die leicht, lecker und gesund sind. Ofenkartoffeln, Hirsetopf oder Asiasuppe bringen Abwechslung und vor allem Gemüse in euren Feierabend.

ASIASUPPE MIT EDAMAME UND EI

Das Hantieren mit Suppenlöffel und Stäbchen erfordert extra viel Geschick – und bringt euch bestimmt extra viel Spaß!

FÜR 4 PERSONEN
20 Min. Zubereitung
Pro Portion ca. 420 kcal,
19 g E, 10 g F, 65 g KH

4 Eier (M)
2 dicke Möhren (ca. 300 g)
2 Frühlingszwiebeln
2 Mini-Pak-Choi
2 EL Gemüsebrühe (Instant)
2 EL Misopaste
4 Mie-Nudelnester (250 g)
200 g TK-Edamame

1 Die Eier anstechen, in einen Topf geben und mit Wasser bedecken. Das Wasser einmal aufkochen und die Eier bei geschlossenem Deckel in ca. 10 Min. hart kochen (wer lieber wachsweiche Eier mag, kocht sie nur ca. 6 Min.). Die Eier anschließend unter kaltem Wasser abschrecken, pellen und längs halbieren.

2 Inzwischen die Möhren schälen, putzen und schräg in dünne Scheiben schneiden oder hobeln. Die Frühlingszwiebeln putzen, waschen, trocknen und in feine Ringe schneiden. Pak Choi waschen, achteln und das weiße Ende in feine Streifen schneiden. Die grünen Blätter ebenfalls in Streifen schneiden.

3 1,6 l Wasser mit der Gemüsebrühe in einem Topf aufkochen und die Misopaste einrühren. Dann die Mie-Nudeln nach Packungsanweisung in der kochenden Brühe garen. Ca. 2 Min. vor Ende der Garzeit die Möhrenscheiben, die weißen Pak-Choi-Streifen und die Edamame dazugeben und mitgaren.

4 Die Suppe auf 4 Suppenschalen verteilen, die halbierten Eier sowie die grünen Pak Choi-Streifen darauf verteilen. Dann alles mit den Frühlingszwiebelringen bestreuen und servieren.

Asia-Suppen richtig essen
Asiatische Nudelsuppen, wie die vietnamesische Pho oder die japanische Ramen, werden mit Löffel und Stäbchen gegessen. Mit den Stäbchen nehmt ihr dabei die Nudeln auf. Stäbchen gibt es übrigens auch schon für Kinder. Sie sind dann am hinteren Ende fixiert, aber dennoch flexibel – ideal für alle Anfänger.

GEMÜSE-OMELETTE AUS DEM OFEN

Hier kommt der Eiweiß-Kick für ein ausgepowertes Team!

FÜR 4 PERSONEN
20 Min. Zubereitung
15 Min. Backen
Pro Portion ca. 265 kcal,
17 g E, 20 g F, 4 g KH

2 kleine Zucchini (ca. 250 g)
4 Frühlingszwiebeln
300 g Baby-Blattspinat
2 EL Olivenöl
Salz
Pfeffer
6 Eier (M)
frisch geriebene Muskatnuss
80 g Taleggio (ersatzweise Mozzarella)
½ Bund Basilikum

AUSSERDEM
kleine, ofenfeste Pfanne (∅ 25 cm, am besten mit aushängbarem Stiel)

1 Die Zucchini waschen, trocknen, putzen und quer in dünne Scheibchen schneiden. Die Frühlingszwiebeln putzen, waschen, trocknen und mit dem zarten Grün in feine Röllchen schneiden. Den Blattspinat verlesen, waschen und in einem Sieb abtropfen lassen.

2 Den Backofen auf 220° vorheizen. Das Öl in einer ofenfesten Pfanne mit hohem Rand erhitzen. Die Zucchini und Frühlingszwiebeln darin bei kleiner Hitze ca. 2 Min. andünsten. Den Spinat dazugeben und in ca. 3 Min. bei mittlerer Hitze zusammenfallen lassen. Die Gemüsemischung mit Salz und Pfeffer würzen.

3 Die Eier in einer Schüssel verquirlen und mit Salz, Pfeffer und etwas Muskat würzen. Den Käse in dünne Scheiben oder Streifen schneiden. Die Pfanne vom Herd ziehen und die Eimischung hineingießen. Dann den Taleggio darüber verteilen.

4 Die Pfanne auf den Rost im heißen Ofen (Mitte) stellen. Das Omelette ca. 15 Min. backen, dann aus dem Ofen nehmen und mind. 5 Min. ruhen lassen. Inzwischen das Basilikum waschen und trocken schütteln. Die Blättchen abzupfen und in Streifen schneiden. Das Omelett mit den Basilikumstreifen bestreuen und servieren. Dazu passt Vollkorn-Toast.

Für die Feierabend-Party …

… wird das Omelette zum Fingerfood: 1 Handvoll Kirschtomaten waschen, halbieren und mit Salz und Pfeffer würzen. Das Omelett in Würfel schneiden, mit je 1 Tomatenhälfte belegen und alles mit je 1 Holzstäbchen fixieren.

SALATBOWL MIT AVOCADO UND CROÛTONS

Eine zweite Chance haben alle verdient – auch altes Brot.

FÜR 4 PERSONEN
30 Min. Zubereitung
Pro Portion ca. 600 kcal,
13 g E, 47 g F, 29 g KH

80 g Mayonnaise
80 g Joghurt
5 EL Zitronensaft
Salz
Pfeffer
Zucker
1 Sardellenfilet (nach Belieben)
2 große Römersalatherzen
100 g Kirschtomaten
1 große Avocado
40 g Parmesan
4 EL grüne Oliven (nach Belieben)
1 EL Öl
1 großes Baguettebrötchen (ca. 200 g; darf vom Vortag sein)
1 Knoblauchzehe
1 EL TK-Petersilie

1 Für das Dressing die Mayonnaise mit Joghurt, 2 EL Zitronensaft, Salz, Pfeffer und 1 Prise Zucker verrühren. Das Sardellenfilet (falls verwendet) sehr fein hacken und unterrühren. Falls das Dressing zu cremig ist, noch etwas Wasser unterrühren. Das Dressing mit Salz, Pfeffer und nach Belieben noch mit 1 EL Zitronensaft abschmecken und beiseitestellen.

2 Den Salat waschen, trocken schleudern und längs halbieren. Den Strunk entfernen, den Salat in feine Streifen schneiden und auf vier tiefe Teller verteilen. Die Tomaten waschen und halbieren, salzen und pfeffern und in die Schüsseln geben.

3 Die Avocado längs halbieren, entsteinen und der Länge nach in Spaleten schneiden. Die Avocadospalten mit einem Löffel auslösen. Die Avocadostückchen mit den restlichen 2–3 EL Zitronensaft beträufeln, leicht salzen und pfeffern und zum Salat geben. Das Dressing gleichmäßig über die Salatbowls klecksen.

4 Den Parmesan mit dem Sparschäler hobeln und die Späne über den Salaten verteilen. Die grünen Oliven, falls verwendet, darübergeben.

5 Das Öl in einer Pfanne stark erhitzen. Das Brötchen erst in gut 1 cm dicke Scheiben, dann in Würfel schneiden. Den Knoblauch schälen. Die Brotwürfel in das heiße Öl geben und in ca. 3 Min. unter Rühren rundherum knusprig braten, dann den Knoblauch in das Öl pressen, die Petersilie dazugeben und unterrühren. Die Würfel salzen und pfeffern und über den Salaten verteilen. Die Bowls sofort servieren.

TORTELLONISALAT MIT GEBRATENEN RADIESCHEN

Dieser Nudelsalat bringt euch den Frühling auf den Tisch.

FÜR 4 PERSONEN
25 Min. Zubereitung
Pro Portion ca. 500 kcal,
26 g E, 23 g F, 45 g KH

1 Bund Radieschen
50 g Rucola
200 g Zuckerschoten
(ersatzweise TK-Brokkoli)
200 g Schafskäse (Feta)
1 Orange (ersatzweise
50 ml Orangendirektsaft)
100 ml Buttermilch
Salz
Pfeffer
1 EL Öl
500 g (Käse-)Tortelloni
(Kühlregal)

1 Die Radieschen waschen, trocknen, putzen und vierteln. Den Rucola waschen, trocken schütteln und grob in Stücke schneiden. Die Zuckerschoten waschen und abtropfen lassen. Den Feta grob zerbröseln.

2 Für das Dressing die Orange auspressen und den Saft mit Buttermilch, Salz und etwas Pfeffer in einer großen Schüssel verrühren.

3 Das Öl in einer Pfanne erhitzen und die Radieschen darin bei hoher Hitze unter gleichmäßigem Wenden rundherum ca. 5 Min. anbraten, bis sie glasig werden.

4 In einem großen Topf reichlich Salzwasser zum Kochen bringen. Die Tortelloni mit den Zuckerschoten hineingeben und nach Packungsanweisung der Tortelloni bissfest garen. Anschließend beides in ein Sieb abgießen und gut abtropfen lassen.

5 Tortelloni und Zuckerschoten mit Radieschen und Rucola in die Schüssel zum Dressing geben und alles gründlich mischen. Den Nudelsalat auf vier Teller verteilen, mit Feta bestreuen und servieren.

Gebratene Radieschen?
Schmecken lecker und sind milder, denn durch das Garen verlieren sie an Schärfe, allerdings auch an Farbe. Ihr könnt natürlich auch, für mehr Farbe und etwas Schärfe, ein paar Radieschen roh in den Salat geben.

PIZZA MIT GEMÜSE, MAIS UND OLIVEN

Gut aufgelegt!

FÜR 4 PERSONEN
30 Min. Zubereitung
Pro Portion ca. 575 kcal,
22 g E, 25 g F, 62 g KH

1 Dose stückige Tomaten (400 g)
4 getrocknete Tomaten (in Öl, + 2 EL Einlegeöl)
Salz
Pfeffer
1 Prise Rohrohrzucker
1 Knoblauchzehe
2 kleine Zucchini
4 Frühlingszwiebeln
1 rote Paprika
1 Pizzateig (ca. 400 g; Kühlregal)
1 kleine Dose Mais (130 g Abtropfgewicht)
150 g Ziegengouda in Scheiben (ersatzweise Gouda oder Ziegenschnittkäse)
2 EL schwarze Oliven (ohne Stein)
1 kleines Bund Rucola (nach Belieben)

1 Den Backofen auf 220° (Packungsanweisung des Pizzateiges beachten!) vorheizen. Etwas Saft von den Tomaten abgießen und diese dann in einen hohen Rührbecher geben. Die getrockneten Tomaten abtropfen lassen, das Öl dabei auffangen. Die Tomaten grob hacken und mit ½ EL Einlegeöl, Salz, Pfeffer und den Zucker in den Becher geben. Den Knoblauch schälen und dazupressen. Alles pürieren und beiseitestellen.

2 Zucchini waschen, trocknen, putzen und würfeln. Frühlingszwiebeln putzen, waschen, trocknen und mit dem Grün schräg in feine Ringe schneiden. Paprika waschen, trocknen und längs halbieren, von Stielen, Kernen und Trennwänden befreien. Die Hälften würfeln.

3 Pizzateig aus der Packung nehmen und mit dem Papier nach unten auf einem Backblech entrollen. Die Sauce darauf verstreichen und den Pizzateig im heißen Ofen (2. Schiene von unten) knapp 10 Min. vorbacken.

4 Währenddessen die restlichen 1½ EL Einlegeöl in einer beschichteten Pfanne erhitzen. Das vorbereitete Gemüse darin unter Wenden 3–5 Min. bei mittlerer Hitze anschwitzen. Den Mais in einem Sieb abtropfen lassen und dazugeben. Alles salzen und pfeffern.

5 Das Gemüse auf der Sauce verteilen, den Ziegengouda darüberzupfen und die Oliven daraufsetzen.

6 Die Pizza im heißen Ofen (Mitte) weitere 5–8 Min. backen. Inzwischen den Rucola waschen, trocknen schütteln und kleiner zupfen. Die fertige Pizza aus dem Ofen nehmen, mit Rucola bestreuen und servieren.

{ ***Mal anders***
Rucola schmeckt manchen zu bitter – vor allem Kindern. Dann besser Basilikum verwenden. Im Sommer statt Dosentomaten vollreife Tomaten nehmen, selbst häuten und ohne die Stielansätze grob zerkleinern. Im Frühsommer schmeckt übrigens auch grüner Spargel statt Zucchini auf der Pizza.

Hirse…

… ist eine tolle pflanzliche Eisen- und Eiweißquelle und superschnell und einfach zubereitet. Alternativ könnt ihr für dieses Gericht auch Reis, Couscous oder Bulgur benutzen.

HIRSETOPF MIT TOMATEN UND EI

Dieser Sattmacher ist von der orientalischen Shakshuka inspiriert.

FÜR 4 PERSONEN
30 Min. Zubereitung
Pro Portion ca. 395 kcal,
17 g E, 15 g F, 48 g KH

200 g Hirse
1 gestr. TL Salz
1 kleines Bund Frühlingszwiebeln
1 Knoblauchzehe
2 Stangen Staudensellerie
2 EL Öl
2 Dosen stückige Tomaten (800 g)
2 gestr. EL gemahlener Koriander
1 TL Zimtpulver
2 TL Honig
Cayennepfeffer (nach Belieben)
4 Eier

1 Die Hirse in ein feines Sieb geben, unter heißem Wasser waschen und kurz abtropfen lassen. Dann mit 400 ml Wasser und einer Prise Salz in einem Topf aufkochen. Die Hirse 5 Min. bei geschlossenem Deckel und mittlerer Hitze köcheln lassen, dann ca. 10 Min. auf der ausgeschalteten Platte ausquellen lassen.

2 Inzwischen die Frühlingszwiebeln putzen, waschen, trocknen und in feine Ringe schneiden. Die Knoblauchzehe schälen und durch eine Presse drücken. Staudensellerie waschen, trocknen, putzen und in sehr feine Scheiben schneiden oder hobeln.

3 Das Öl in einer großen, tiefen Pfanne erhitzen. Die Hälfte der Frühlingszwiebeln, Knoblauch und Sellerie darin ca. 2 Min. scharf anbraten. Anschließend die Hitze reduzieren und das Selleriegemüse mit den Tomaten ablöschen. Etwas Salz, Koriander, Zimt und Honig dazugeben, alles gründlich verrühren und unter gelegentlichem Rühren ca. 10 Min. offen köcheln lassen. Nach Belieben mit Cayennepfeffer abschmecken.

4 Die Hirse unter die Tomatenmasse rühren. Die Eier darauf aufschlagen und anschließend bei schwacher Hitze und geschlossenem Deckel in ca. 8 Min. stocken lassen. Zum Servieren die restliche Frühlingszwiebeln über den Hirsetopf streuen.

GEMÜSEWOK SÜSS-SAUER MIT SEITANSTREIFEN

Schmeckt wie vom Lieblingsasiaten, ist aber zuckerfrei.

FÜR 4 PERSONEN
20 Min. Zubereitung
Pro Portion ca. 485 kcal,
29 g E, 13 g F, 59 g KH

150 g Basmati-Reis
Salz
2 Knoblauchzehen
1 Dose Bio-Ananas im eigenen Saft (ohne Zuckerzusatz, 400 g)
4 EL Sojasauce
1 TL gemahlener Sternanis
2 Prisen Cayennepfeffer
6 EL heller Essig (z. B. Apfelessig)
400 g Seitan (Kühlregal)
4 EL Öl
750 g TK-Asia-Gemüse

1 Den Reis mit ½ TL Salz und 300 ml Wasser in einen Topf geben und einmal aufkochen. Dann die Hitze auf kleinste Stufe reduzieren und den Reis bei geschlossenem Deckel ca. 10 Min. ausquellen lassen.

2 Währenddessen den Knoblauch schälen und fein hacken. Ananassaft und -stücke mit Sojasauce, Sternanis, Cayennepfeffer und Essig in einen Topf geben und aufkochen. Alles ca. 5 Min. bei mittlerer Hitze köcheln lassen, anschließend fein pürieren.

3 Den Seitan in feine Streifen schneiden und in einer Pfanne mit 2 EL Öl ca. 5 Min. ringsum scharf anbraten. Aus der Pfanne nehmen und beiseitestellen.

4 Die restlichen 2 EL Öl in die Pfanne geben und das Asia-Gemüse darin 3–5 Min. scharf anbraten (dabei die Packungsanweisung beachten). Dann die süß-saure Sauce dazugeben und vorsichtig untermengen.

5 Zum Servieren den Reis und das Gemüse auf Teller verteilen und die Seitanstreifen darübergeben.

Deko-Tipp
1–2 Frühlingszwiebeln waschen, putzen und in feine Ringe schneiden. Das Weiße mit dem Asia-Gemüse braten, die grünen Ringe zum Servieren drüberstreuen. Eine Portion Extra-Crunch geben gesalzene und geröstete Erdnuss- oder Sojakerne.

GEMÜSEREIS MIT KROSSEM TERIYAKI-TOFU

Inspiriert von der japanischen Küche

FÜR 4 PERSONEN
25 Min. Zubereitung
Pro Portion ca. 535 kcal,
18 g E, 36 g F, 34 g KH

120 g Basmati-Reis
200 g TK-Brokkoli-»Reis« (ersatzweise TK-Blumenkohl-»Reis«)
Salz
2 Knoblauchzehen
400 g Naturtofu
250 g Möhren
½ Salatgurke
1 kleines Römersalatherz
1 große Limette
1 Avocado
3 EL Öl
8 EL Teriyaki-Sauce
3 TL Cashew-Mus (ersatzweise weißes Mandelmus)

1 Den Basmati-Reis und den Brokkoli-»Reis« mit ½ TL Salz und 250 ml Wasser in einen Topf füllen und bei geschlossenem Deckel einmal aufkochen. Dann die Hitze auf die kleinste Stufe reduzieren und den Reis bei geschlossenem Deckel ca. 15 Min. ausquellen lassen.

2 Inzwischen die Knoblauchzehen schälen und durch die Presse drücken. Den Tofu quer in ca. 0,5 cm dicke Scheiben schneiden. Die Möhren schälen, putzen und auf einer Gemüsereibe grob raspeln. Die Gurke waschen, trocknen und putzen, dann halbieren, entkernen und in halbe Ringe schneiden. Den Salat waschen, trocknen und längs halbieren. Den Strunk entfernen und den Salat in Streifen schneiden. Die Limette auspressen. Die Avocado halbieren und entkernen, das Fruchtfleisch mit einem Löffel aus der Schale lösen und in 1 cm große Würfel schneiden.

3 Das Öl in einer großen Pfanne erhitzen und den Knoblauch darin anschwitzen. Die Tofustreifen dazugeben und ca. 3 Min. pro Seite bei hoher Hitze anbraten. Dann alles mit 5 EL Teriyaki-Sauce ablöschen, gut vermengen und zur Seite stellen.

4 Für das Dressing den Limettensaft mit Cashew-Mus, 2 EL Wasser und den restlichen 3 EL Teriyaki-Sauce glattrühren. Den Reis auf Schüsseln verteilen und das Dressing darüberträufeln. Salat, Möhren, Avocado und Gurken darauf anrichten und alles leicht salzen. Dann den Tofu darübergeben und servieren.

{ **Schummelgemüse**
Der Brokkoli bringt noch ein bisschen mehr Gemüse ins Essen. Wenn euch das zu experimentell ist: Ihr könnt ihn auch weglassen und stattdessen einfach mehr Reis kochen.

Für mehr Vielfalt könnt ihr den Quark …

… mit frischen oder TK-Kräutern vermengen und habt Kräuterquark!

… mit mildem Currypulver und etwas geröstetem Sesamöl vermengen und habt Curryquark!

… mit Tomatenmark, etwas Knoblauch und nach Belieben klein gehackten, getrockneten Tomaten vermengen und habt Tomatenquark!

PELLKARTOFFELN MIT PESTOQUARK UND SALAT

Eiweißreicher Sattmacher

FÜR 4 PERSONEN
25 Min. Zubereitung
Pro Portion ca. 580 kcal,
29 g E, 18 g F, 72 g KH

1,5 kg Drillinge (kleine Frühkartoffeln)
Salz
500 g Magerquark
120 g rotes Pesto
1 Bund Basilikum
1 große Möhre
1 großes Römersalatherz
1 kleine Dose Kichererbsen (120 g Abtropfgewicht)
150 g Kirschtomaten
2 EL Apfelessig
1 TL Honig
2 EL Olivenöl (nativ extra)

1 Die Drillinge gründlich waschen, in einen Topf geben und mit Wasser bedecken. ½ TL Salz zufügen, das Wasser einmal aufkochen lassen und die Kartoffeln bei geschlossenem Deckel in 15–20 Min. weich garen.

2 Den Quark mit dem Pesto in eine Schüssel geben und glattrühren. Das Basilikum waschen, trocken schütteln und die Blättchen abzupfen. Eine Hälfe in Streifen schneiden, die andere Hälfte fein hacken. Das gehackte Basilikum unter den Quarkdip rühren und alles noch mit etwas Salz abschmecken.

3 Die Möhre schälen, putzen und in feine Scheiben hobeln. Das Salatherz waschen, trocknen und längs halbieren. Den Strunk entfernen und den Salat in feine Streifen schneiden. Die Kichererbsen in ein Sieb geben, gut abspülen und abtropfen lassen. Die Tomaten waschen, trocknen und halbieren.

4 Den Essig mit Honig und etwas Salz in einer großen Schüssel mit einem Schneebesen verrühren. Das Olivenöl dazugeben und das Dressing glattrühren. Dann Möhren, Salatstreifen, Basilikumstreifen, Kichererbsen und Tomaten dazugeben und alles vermengen.

5 Den Kichererbsensalat in der Schüssel mit den Pellkartoffeln und dem Pestoquark servieren.

MAKKARONI MIT GEBRATENEM SPARGEL UND TOMATEN

Frühlingspasta, die eure Stimmung hebt!

FÜR 4 PERSONEN
30 Min. Zubereitung
Pro Portion ca. 500 kcal,
15 g E, 17 g F, 67 g KH

Salz
1 Bund grüner Spargel (500 g)
1 kleines Bund Basilikum (nach Belieben)
1 Knoblauchzehe
2 vollreife Tomaten
350 g Makkaroni (ersatzweise andere kurze Nudeln)
5 EL Olivenöl
Pfeffer
1 TL flüssiger Honig
1 Msp. abgeriebene Bio-Zitronenschale (nach Belieben)
40 g Parmesan

1 Für die Nudeln reichlich Salzwasser in einem großen Topf aufkochen. Inzwischen den grünen Spargel waschen, trocknen und holzige Enden abschneiden, dicke Stangen längs halbieren. Die Spargelspitzen abschneiden, die übrigen Stangen schräg in kleine Stücke schneiden. Das Basilikum waschen und trocken schütteln. Die Blättchen abzupfen und in Streifchen schneiden. Knoblauch schälen und fein hacken.

2 Die Tomaten mit kochend heißem Wasser überbrühen und kurz ziehen lassen. Dann die Tomaten häuten, halbieren, Stielansätze und Kerne entfernen. Das Fruchtfleisch in feine Würfel schneiden.

3 Die Nudeln im sprudelnd kochenden Salzwasser nach Packungsanweisung bissfest kochen, dann abgießen und etwas abtropfen lassen.

4 Inzwischen das Öl in einer hohen beschichteten Pfanne erhitzen. Die Spargelstücke darin bei mittlerer Hitze unter Rühren 3–4 Min. leicht anbraten. Dann die Hitze reduzieren und Knoblauch und etwas Nudelwasser dazugeben. Den Spargel in weiteren 2–4 Min. bissfest garen, dabei immer mal umrühren. Zum Schluss die Tomatenwürfel dazugeben. Alles mit Salz, Pfeffer und Honig abschmecken. Das Basilikum unterrühren.

5 Die Nudeln in die Pfanne geben und untermischen. Alles nochmals mit Salz, Pfeffer und nach Belieben mit etwas abgeriebener Bio-Zitronenschale abschmecken. Den Parmesan mit einem Sparschäler darüberhobeln.

Mal anders

Statt Parmesan schmeckt auch zerbröckelter Feta-Käse sehr gut zu den Makkaroni. Und außerhalb der Spargel-Saison könnt ihr die Pasta auch wunderbar mit Zucchini zubereiten. Dazu 4 schmale Zucchini waschen, putzen und längs vierteln. Die Viertel quer in kurze Stifte schneiden und in der Pfanne ca. 2 Min. anbraten, dann wie den Spargel weitergaren und würzen.

OFENKARTOFFELN MIT GRÜNER SAUCE UND WACHSWEICHEM EI

Schön unkompliziert: Die Sauce übernimmt der Mixer, das Kartoffelgaren der Backofen. Und das Eierkochen geht doch wirklich fix.

FÜR 4 PERSONEN
30 Min. Zubereitung
Pro Portion ca. 480 kcal,
21 g E, 26 g F, 38 g KH

FÜR DIE KARTOFFELN
800 g kleine neue Kartoffeln (am besten Bio)
2 EL Sonnenblumenöl
1 TL schwarze Pfefferkörner (nach Belieben)
1 EL grobes Meersalz

FÜR DIE EIER UND DIE GRÜNE SAUCE
6 Eier (M)
1 EL Sonnenblumenöl
Salz
Pfeffer
1 EL Dijon-Senf
100 g Sahne
2 kleine Cornichons (+ 2 EL Sud)
1 dickes Bund Kräuter für Frankfurter grüne Sauce (Borretsch, Kerbel, Petersilie, Pimpinelle, Kresse, Schnittlauch, Sauerampfer; ersatzweise andere Gartenkräutermischung)
400 g Joghurt

1 Den Backofen auf 220° vorheizen. Die Kartoffeln waschen, gründlich abbürsten, trocken tupfen und halbieren. Ein Backblech oder eine breite Form mit Öl bepinseln. Die Pfefferkörner, falls verwendet, grob zerstoßen und mit dem Salz daraufstreuen. Die Kartoffeln mit der Schnittfläche nach unten auf das Blech setzen und im heißen Ofen (Mitte) 20–25 Min. garen. Dabei nach ca. 10 Min. 2–3 EL Wasser ins Blech geben.

2 Inzwischen Wasser in einem Topf erhitzen. Die Eier anpieksen und im kochenden Wasser zugedeckt in ca. 6 Min. wachsweich garen. 4 Eier aus dem Wasser nehmen, unter kaltem Wasser abschrecken und in einem Tuch eingewickelt beiseitestellen. Die beiden übrigen Eier im kochenden Wasser in weiteren 2–3 Min. hart kochen, dann herausnehmen. Gründlich unter kaltem Wasser abschrecken und abkühlen.

3 Die hartgekochten Eier pellen, grob zerschneiden und in einen hohen Rührbecher oder Standmixer geben. Öl, Salz, Pfeffer, Senf und Sahne dazugeben. Die Cornichons grob zerschneiden und dazugeben.

4 Die Kräuter waschen und trocken schütteln. Die Blättchen abzupfen und mit in den Becher oder Mixer geben. Schnittlauch grob schneiden und dazugeben. Alles mixen und, falls nötig, etwas Joghurt dazugeben. Den übrigen Joghurt unterrühren. Die Sauce mit Salz, Pfeffer und etwas Cornichons-Sud abschmecken.

5 Die wachsweichen Eier pellen, halbieren, salzen und auf einer Platte anrichten. Die Kartoffeln aus dem Ofen nehmen und mit der grünen Sauce servieren.

SCHNELLES HÜHNERFRIKASSEE

Der Klassiker aus Oma's Küche neu aufgelegt

FÜR 4 PERSONEN
30 Min. Zubereitung
Pro Portion ca. 335 kcal, 24 g E, 8 g F, 41 g KH

500 ml Hühnerbrühe
300 g Hähnchenbrustfilet
150 g Basmati-Reis
Salz
300 g TK-Buttergemüse
100 ml Milch
2 EL Speisestärke
Pfeffer

1 Die kalte Hühnerbrühe in einen Topf geben. Die Hähnchenbrust trocken tupfen und zur Hühnerbrühe in den Topf geben. Einmal aufkochen, dann bei kleiner Hitze und geschlossenem Deckel 20 Min. garen lassen.

2 Den Reis mit ½ TL Salz und 300 ml Wasser in einen Topf geben und einmal aufkochen. Die Hitze auf kleinste Stufe reduzieren und den Reis bei geschlossenem Deckel ca. 10 Min. ausquellen lassen.

3 Die Hähnchenbrust aus der Brühe nehmen und auf ein Brettchen legen. Das Buttergemüse in die Brühe geben und einmal aufkochen lassen. Inzwischen die Hähnchenbrust mit zwei Gabeln auseinanderzupfen und wieder zurück in den Topf geben.

4 Die Milch mit der Speisestärke verrühren und in das aufgekochte Frikassee rühren. Alles bei mittlerer Hitze unter Rühren köcheln lassen, bis es andickt.

5 Zum Schluss das Frikassee mit Salz und Pfeffer abschmecken und mit dem Reis servieren.

Austausch zur Abwechslung
Für noch mehr Geschmack könnt ihr Hühnerfond statt Hühnerbrühe benutzen. Und wer´s noch bunter mag, kann einfach anstelle des Buttergemüses frische Paprika klein würfeln und die mit TK-Erbsen-Möhren-Gemüse kombinieren.

ENTSPANNT GENIESSEN!

Vom Glück am Familientisch – und ein paar Tricks, wie man auch schwierige Feinschmecker von gesundem Essen überzeugen kann.

GEMEINSAM ESSEN …

… könnt ihr gar nicht genug wertschätzen! Seit Jahrzehnten zeigen Studien: Gemeinsam essen tut allen gut. Es stärkt den Zusammenhalt der Familie, es ist in der Regel gesünder, weil es meistens frisch vorbereitet wird, allen macht es Freude, gemeinsam am Tisch zu sitzen, und Kinder aus Familien, die gemeinsam essen, sind weniger übergewichtig.

DAS WICHTIGSTE IST GUTE STIMMUNG

Die Spaghetti mit Lieblingssauce stehen dampfend auf dem Tisch und laden zum Aufkringeln ein. Doch Genießen fällt schwer, solange das misslungene Diktat, der Mathe-Fünfer oder der Streit mit der Kollegin mit am Tisch sitzen. Unerfreuliche Themen und Probleme besser nachher oder vorher in Ruhe bereden, nicht gerade bei einer Portion Lieblingsessen – das ist es dann nämlich auch nicht mehr. Dagegen darf der Witz, den die beste Freundin heute erzählt hat, gern weitergegeben werden. Hat der Torwart der Lieblingsmannschaft tatsächlich zwei Elfer gehalten? Und sieht diese Kartoffel nicht wie ein dickes Herzchen aus?

NUDGING …

… ist ein neues Wort für das gute alte »Anstupsen«. Es bezeichnet eine Methode, Menschen in eine Richtung zu lenken, ohne sie zu bevormunden. Beim Thema Ernährung bedeutet dies: Allein durch eine schlaue Auswahl und Präsentation der Lebensmittel könnt ihr eure Nörgler anstupsen, eine gesunde Speisenauswahl zu treffen. Also einfach Gesundes appetitlich in Szene setzen, statt Ungesundes zu verbieten. Steht eine Schale mit Süßigkeiten auf dem Tisch, so bedienen sich natürlich alle gern davon. Werden stattdessen aber an gleicher Stelle Obst oder Gemüse schön angeboten, so greifen die meisten ebenso gern zu.

DAS SCHMECKT MIR ZU GRÜN

Bei schwierigen Essern ist Nachsicht gefragt. Kinder schmecken z. B. bitter viel intensiver. Deshalb lehnen sie oft Rucola oder Chicorée ab. Am besten hilft Geduld, Geduld, Geduld: Ihr könnt Brokkoli oder Spinat (oder Kürbis oder Möhre oder Paprika) einfach immer mal wieder in unterschiedlichen Variationen anbieten. Jeder sollte einmal probieren. (Das gilt auch für die Großen.) Danach darf allerdings jeder selbst entscheiden, ob er oder sie weiteressen will oder nicht. Kein Zwang! Und wahrscheinlich kennt ihr das auch: Es gibt Lebensmittel, die mag man einfach nicht. Das können Mandarinen oder Bananen, Zucchini oder Rote Beten, Ziegenkäse, Oliven oder Minzeblättchen sein. Und da darf man dann auch ruhig mal drauf verzichten.

DIGITAL DETOX BEIM ESSEN

Auch wenn's schwerfällt (und meistens gibt's ein Mitglied im Team, dem es besonders schwer fällt): Smartphone, Notebook, Tablet & Co. werden während des gemeinsamen Essens beiseitegelegt, Mails, Memes und WhatsApps müssen mal ein paar Augenblicke warten. Ihr werdet sehen: So ein reales Meeting am Esstisch ist auch ganz schön.

DIE BESTE STRATEGIE: VORBILD SEIN!

Wenn Eltern mit gutem Beispiel vorangehen, entwickeln sich auch beim Nachwuchs allmählich Geschmack und Freude am Genuss. Also lasst euch das verschmähte Gemüse genüsslich schmecken. Oder pickt das ungeliebte Radieschen auch einfach kommentarlos vom Teller des mäkelnden Tischnachbarn – da kommen dann auch kritische Esser ins Grübeln. Ein kleiner Geheimtrick: Bereitet doch mal ganz offiziell ein »Elternessen« zu – ganz nach eurem Geschmack mit viel Gemüse und spannenden Gewürzen. Für die Kids einen Evergreen servieren, z. B. Nudeln mit Tomatensauce. Es dauert bestimmt nur kurz, bis die jungen Gourmets auch mal das besondere Essen probieren und ebenfalls genießen möchten.

BULGURSALAT MIT TOMATE UND FETA

Mit frisch aufgebackenem Fladenbrot ein schönes Essen für den (Sommer-)Feierabend

FÜR 4 PERSONEN
30 Min. Zubereitung
Pro Portion ca. 470 kcal,
18 g E, 25 g F, 39 g KH

180 g Bulgur
360 ml Gemüsebrühe
2 EL Aceto balsamico bianco
4 EL Öl
Salz
Pfeffer
1 Msp. gemahlener Kreuzkümmel
1 getrocknete Dattel (entsteint)
1 weiße Zwiebel
4 Tomaten
1 Mini-Salatgurke
1 kleines Bund Petersilie
4 EL geröstete Pistazien
200 g Schafskäse (Feta)

1 Den Bulgur in einem Sieb abwaschen und in einen kleinen Topf geben. Die Gemüsebrühe dazugießen, einmal kräftig aufkochen und anschließend den Bulgur auf der ausgeschalteten Herdplatte 15–20 Min. mit geschlossenem Deckel ausquellen lassen.

2 Inzwischen in einer Schüssel den Balsamico bianco mit dem Öl, Salz, Pfeffer und Kreuzkümmel verrühren. Die Dattel in sehr feine Würfel schneiden und diese unter die Balsamico-Vinaigrette rühren.

3 Die Zwiebel schälen, halbieren und sehr fein würfeln. Die Tomaten waschen, trocknen und halbieren. Die Stielansätze, nach Belieben auch die Kerne, entfernen. Die Gurke putzen und schälen, längs halbieren und die Kerne nach Belieben mit einem Teelöffel auskratzen. Tomate und Gurke fein würfeln und mit den Zwiebeln zur Dattel-Vinaigrette geben. Die Petersilie waschen und trocken schütteln. Die Blättchen abzupfen, sehr fein schneiden und bis auf einen kleinen Rest ebenfalls dazugeben. Die Vinaigrette gut verrühren.

4 Den gequollenen Bulgur mit einer Gabel auflockern, evtl. vorhandene Flüssigkeit abgießen. Anschließend den Bulgur in die Salatschüssel geben und mit den übrigen Zutaten vorsichtig vermischen. Den Salat evtl. noch etwas ziehen lassen, dann mit Pfeffer und Salz abschmecken und auf vier große Gläser verteilen.

5 Die Pistazien schälen und die Kerne hacken. Den Feta zerbröckeln und mit den Pistazienkernen und der restlichen Petersilie auf den Salaten verteilen.

Tomate und Gurke schneiden …

… geht doch kinderleicht! Und auch Feta zerbröckeln und Pistazien schälen lässt sich großartig auch mit kleinen Händen erledigen.

RINDFLEISCHWOK MIT PAPRIKA, LAUCH UND SPROSSEN

Mit Chili-Kick

FÜR 4 PERSONEN
30 Min. Zubereitung
Pro Portion ca. 565 kcal,
36 g E, 19 g F, 59 g KH

5 EL Sojasauce
4 EL Limettensaft (ersatzweise Zitronensaft)
2 EL Agavendicksaft
2 EL Mirin (Reiswein; nach Belieben)
2 TL milde Chiliflocken (nach Belieben; z. B. Piment d'Espelette)
2 Scheiben Rinderlende (je ca. 200 g; ersatzweise Hüft- oder Rumpsteaks)
200 g Basmati-Reis
Salz
1 Stück Ingwer (3 cm lang)
1 kleine rote Paprika
1 kleine gelbe Paprika
1 kleine Stange Lauch
1 rote Chilischote (nach Belieben)
200 g Mungbohnensprossen
2 EL Öl
1 EL Speisestärke
200 ml Rindfleischbrühe (ersatzweise Gemüsebrühe)
4 EL geröstete, gesalzene Erdnusskerne

1 Sojasauce mit Limettensaft, Agavendicksaft und nach Belieben auch mit Reiswein und 1 TL Chiliflocken verrühren. Das Rindfleisch trocken tupfen, mit einem scharfen Messer in dünne Streifen schneiden und gut mit der Marinade vermischen.

2 Den Reis mit ½ TL Salz und 450 ml Wasser in einen Topf geben und einmal aufkochen. Dann die Hitze auf die kleinste Stufe reduzieren und den Reis abgedeckt ca. 10 Min. ausquellen lassen.

3 Ingwer schälen und fein hacken. Paprika waschen, trocknen, längs vierteln und von Stiel, Kernen und Trennwänden befreien. Die Viertel quer in Streifen schneiden. Lauch putzen, längs halbieren, waschen und trocknen. Dann in Streifen schneiden. Chili waschen, trocknen, entkernen und in Ringe schneiden. Sprossen in einem Sieb abbrausen, abtropfen lassen.

4 Öl in einem Wok erhitzen. Rindfleisch in ein Sieb abgießen, die Marinade auffangen und mit Speisestärke und Brühe verrühren. Das Fleisch trocken tupfen.

5 Den Ingwer im heißen Öl kurz unter Rühren anbraten. Chili und Paprika dazugeben, 1–2 Min. unter Rühren braten, dann die Lauchstreifen ca. 1 Min. mitbraten. Das Fleisch dazugeben, bei großer Hitze ca. 1 Min. unter Rühren braten. Dann die Marinade und die Sprossen in den Wok geben. Alles bei großer Hitze aufkochen und noch 1–2 Min. unter Rühren braten. Fleisch und Gemüse mit Salz und Chiliflocken abschmecken. Die Erdnüsse hacken und darüberstreuen. Den Rindfleischwok mit dem Reis servieren.

Und dazu?
Sehr gut passt Kartoffelstampf. Dafür vor dem Gemüseputzen 4 mehligkochende Kartoffeln schälen, grob würfeln und in wenig Salzwasser weich kochen. Kartoffeln abgießen und grob stampfen, dabei 3–5 EL Milch und etwas Butter dazugeben. Den Stampf mit Salz, Pfeffer und Muskat abschmecken.

SCHNITZELCHEN MIT GARTENGEMÜSE

Diese Schnitzelchen gehen immer. Und beim Gemüse dürft ihr ganz nach Familien-Vorlieben variieren.

FÜR 4 PERSONEN
30 Min. Zubereitung
Pro Portion ca. 305 kcal, 32 g E, 12 g F, 16 g KH

1 kleines Bund Frühlingszwiebeln
1 kleiner Brokkoli
4 zarte Möhren
2 Tomaten (ersatzweise 2 Tomaten aus der Dose)
2 EL Mehl
6 Scheiben Schweinelende (je ca. 80 g; »Minutensteaks«)
1 EL Dijon-Senf
Salz
Pfeffer
1 TL getrockneter Thymian
2 EL Öl
1 EL Butter
150 ml Gemüsebrühe
1 TL Puderzucker
2 EL TK-Schnittlauch

1 Den Backofen auf 100° vorheizen. Frühlingszwiebeln putzen, waschen, trocknen und mit dem zarten Grün in Ringe schneiden. Brokkoli waschen und trocknen, die Röschen abschneiden, den Stiel schälen und klein würfeln. Möhren putzen und schälen, längs vierteln und quer in ca. 4 cm lange Stifte schneiden.

2 Die Tomaten mit kochend heißem Wasser überbrühen, etwas darin ziehen lassen, dann die Tomaten häuten. Die Tomaten halbieren, Stielansätze und Kerne entfernen. Das Fruchtfleisch fein würfeln.

3 Das Mehl in einen tiefen Teller sieben. Das Fleisch trocken tupfen und nach Belieben halbieren, auf je einer Seite dünn mit dem Senf bestreichen und mit Salz, Pfeffer und Thymian bestreuen, dabei den Thymian vorher zwischen den Fingerspitzen fein zerreiben. Die Fleischscheiben von beiden Seiten im Mehl wenden.

4 2 EL Öl in einer großen beschichteten Pfanne erhitzen. Die Schnitzelchen darin von jeder Seite 1–2 Min. braten, dann aus der Pfanne nehmen und auf einem Teller im heißen Ofen (Mitte) warm halten.

5 Die Butter in die Pfanne geben. Frühlingszwiebeln mit Brokkoli und Möhren darin bei mittlerer Hitze in 2–3 Min. anschwitzen. Die Brühe angießen und das Gemüse offen in ca. 5 Min. bissfest garen, dann die Tomaten unterrühren und kurz mitköcheln. Den Puderzucker darüberstäuben, alles kräftig mit Salz und Pfeffer abschmecken und mt dem Schnittlauch bestreuen. Die Schnitzel in den Gemüsemix legen und servieren.

LINSENGEMÜSE MIT KNUSPRIGEM FISCHFILET

Ganz fix mit Linsen aus der Dose

FÜR 4 PERSONEN
30 Min. Zubereitung
Pro Portion ca. 481 kcal,
40 g E, 19 g F, 33 g KH

FÜR DAS LINSENGEMÜSE
1 kleiner Zweig Rosmarin
4 Stängel Basilikum
1 Zwiebel
300 g Süßkartoffeln
2 EL Olivenöl
Salz
Pfeffer
100 ml Gemüsebrühe
2 Dosen grüne Linsen (je 240 g Abtropfgewicht; ersatzweise braune Linsen)
2 EL Aceto balsamico (nach Belieben)

FÜR DEN FISCH
2 Saiblingsfilets mit Haut (je ca. 300 g; küchenfertig; ersatzweise Forellenfilet)
Salz
Pfeffer
1 EL Mehl
4 EL Öl
Zitronenviertel zum Servieren (nach Belieben)

1 Den Backofen auf 100° vorheizen. Den Rosmarin und den Basilikum waschen und trocken schütteln. Die Rosmarinnadeln abstreifen und fein hacken. Die Basilikumblättchen in Streifen schneiden und beiseitelegen. Die Zwiebel schälen und fein würfeln. Die Süßkartoffeln schälen und in kleine Würfel schneiden.

2 Für den Fisch die Filets waschen, trocken tupfen und teilen, sodass vier kleine Portionsstücke entstehen. Die Stücke salzen, pfeffern und auf der Hautseite dünn mit dem Mehl bestäuben.

3 Das Öl für das Gemüse in einem Topf sanft erhitzen. Knoblauch und Zwiebeln im heißen Öl bei kleiner bis mittlerer Hitze ca. 2 Min. andünsten. Die Süßkartoffeln dazugeben und alles ca. 5 Min. unter Rühren bei kleiner Hitze dünsten. Das Gemüse mit dem Rosmarin, Salz und Pfeffer würzen. Die Gemüsebrühe dazugeben, aufkochen und ca. 5 Min. köcheln lassen, bis die Süßkartoffelwürfel knapp weich sind.

4 Parallel dazu das Öl für den Fisch in einer Pfanne erhitzen. Die Fischstücke auf der Haut bei mittlerer bis großer Hitze je nach Dicke 3–4 Min. braten, wenden und 1–2 Min. weitergaren, dann in einer Form oder auf einem Teller im Backofen warm stellen.

5 Die Linsen abtropfen lassen, nach Belieben abbrausen und mit in den Süßkartoffel-Topf geben. Alles noch ca. 2 Min. köcheln lassen, dann nochmals mit Salz, Pfeffer und nach Belieben mit 1–2 EL Aceto balsamico abschmecken. Mit Basilikum bestreuen und mit den knusprig gegarten Fischstücken servieren.

Veggie-Variante
Für alle, die Fisch nicht mögen, gibt's gebratenen Halloumi. Dazu pro Portion ½ EL Öl mit Salz und Pfeffer verrühren. 50 g Halloumi-Käse damit bepinseln und in einer Pfanne in 1 EL Öl ca. 3 Min. auf jeder Seite braten.

REGISTER DER REZEPTE UND HAUPTZUTATEN

Damit du Rezepte mit häufigen Zutaten schnell findest, sind diese ebenfalls eingeordnet und fett gedruckt – über den entsprechenden Rezepten.

S

T

VEGETARISCHE FEIERABENDREZEPTE

APPETIT AUF MEHR?

ISBN 978-3-8338-7080-4

ISBN 978-3-8338-5998-4

ISBN 978-3-8338-6154-3

ISBN 978-3-8338-7145-0

ISBN 978-3-8338-7691-2

ISBN 978-3-8338-7071-2

Alle hier vorgestellten Bücher sind auch als eBook erhältlich.

GU

Mehr von GU auf **www.gu.de** und **facebook.com/gu.verlag**

QUALITÄTS G|U GARANTIE

LIEBE LESERINNEN UND LESER,

wir wollen Ihnen mit diesem Buch Informationen und Anregungen geben, um Ihnen das Leben zu erleichtern oder Sie zu inspirieren, Neues auszuprobieren. Wir achten bei der Erstellung unserer Bücher auf Aktualität und stellen höchste Ansprüche an Inhalt und Gestaltung. Alle Anleitungen und Rezepte werden von unseren Autoren, jeweils Experten auf ihren Gebieten, gewissenhaft erstellt und von unseren Redakteur*innen mit größter Sorgfalt ausgewählt und geprüft.

Haben wir Ihre Erwartungen erfüllt? Sind Sie mit diesem Buch und seinen Inhalten zufrieden? Wir freuen uns auf Ihre Rückmeldung. Und wir freuen uns, wenn Sie diesen Titel weiterempfehlen, in Ihrem Freundeskreis oder bei Ihrem Online-Kauf.

Sollten wir Ihre Erwartungen so gar nicht erfüllt haben, tauschen wir Ihnen Ihr Buch jederzeit gegen ein gleichwertiges zum gleichen oder ähnlichen Thema um.

KONTAKT ZUM LESERSERVICE

GRÄFE UND UNZER VERLAG
Grillparzerstraße 12
81675 München
www.gu.de

GRÄFE UND UNZER
Ein Unternehmen der
GANSKE VERLAGSGRUPPE

IMPRESSUM

G|U

GU ist eine eingetragene Marke der GRÄFE UND UNZER VERLAG GmbH, www.gu.de
ISBN 978-3-8338-7946-3
1. Auflage 2021

Projektleitung: Alessandra Redies
Lektorat: Melanie Haizmann
Korrektorat: Adriane Andreas
Innenlayout: independent Medien-Design, Horst Moser, München
Umschlaggestaltung: ki36 Editorial Design, Sabine Krohberger, München
Herstellung: Susanne Fuhrmann
Satz: Christopher Hammond
Repro: Longo AG, Bozen
Druck & Bindung: Printer Trento s.r.l., Trento

BILDNACHWEIS

Getty Images (S. 54/55, 84/85, 144/145); Shutterstock (S. 6–10, 11-2, 11-3); Stocksy (S. 11-1, 12, 24, 46, 78, 118); alle anderen: Mona Binner
Syndication: www.seasons.agency

DIE AUTORINNEN

Susanne Bodensteiner arbeitet seit Jahren als freie Kochbuch-Autorin und -Lektorin. Ob für die Familie oder für Freunde: Sie kocht und backt, schnippelt und schmurgelt leidenschaftlich gern und ist niemals um ein neues spannendes Rezept verlegen.
Sarah Schocke ist Ökotrophologin und erfolgreiche Kochbuchautorin. Am liebsten schreibt und kocht sie zu gesunder Ernährung mit besonderem Fokus auf der Familienküche.

DIE FOTOGRAFIN

Mona Binner entdeckte nach ihrer Ausbildung zur Werbefotografin in Hannover, Hamburg und London die Liebe zur Foodfotografie und arbeitet seit 2007 als freie Fotografin für namhafte Magazine und Verlage. Mit Unterstützung von Julia Luck (Foodstyling) und Josephine Tepperwien (Assistenz) hat sie die Rezepte stilvoll in Szene gesetzt. Ein großes Dankeschön geht an Josephine, Lara, Flynn, Maik und Samia fürs geduldige Hände-in-die-Kamera-Halten.

UMWELTHINWEIS

Nachhaltigkeit ist uns sehr wichtig. Der Rohstoff Papier ist in der Buchproduktion hierfür von entscheidender Bedeutung. Daher ist dieses Buch auf PEFC-zertifiziertem Papier gedruckt. PEFC garantiert, dass ökologische, soziale und ökonomische Aspekte in der Verarbeitungskette unabhängig überwacht werden und lückenlos nachvollziehbar sind.

Die GU-Homepage finden Sie unter www.gu.de